SONHOS

Dados Internacionais de Catalogação na Publicação (CIP)
(Câmara Brasileira do Livro, SP, Brasil)

Kast, Verena
  Sonhos : a linguagem enigmática do inconsciente / Verena Kast ; tradução de Lorena Richter. – Petrópolis, RJ : Vozes, 2010. – (Coleção Reflexões Junguianas)

  Título original: Träume : Die geheimnisvolle Sprache des Unbewussten
  Bibliografia

  3ª reimpressão, 2025.

  ISBN 978-85-326-4013-0

  1. Inconsciente 2. Psicanálise 3. Sonhos – Interpretação I. Título. II. Série.

10-03479   CDD-135.3

Índices para catálogo sistemático:
1. Sonhos : Análise : Psicologia   135.3

Verena Kast

SONHOS
A linguagem enigmática do inconsciente

Tradução de Lorena Richter

EDITORA VOZES

Petrópolis

© 2006, Patmos Verlag GmbH & Co. KGlter Verlag, Düsseldorf

Tradução do original em alemão intitulado *Träume – Die geheimnisvolle Sprache des Unbewussten*

Direitos de publicação em língua portuguesa:
2010, Editora Vozes Ltda.
Rua Frei Luís, 100
25689-900 Petrópolis, RJ
www.vozes.com.br
Brasil

Todos os direitos reservados. Nenhuma parte desta obra poderá ser reproduzida ou transmitida por qualquer forma e/ou quaisquer meios (eletrônico ou mecânico, incluindo fotocópia e gravação) ou arquivada em qualquer sistema ou banco de dados sem permissão escrita da editora.

CONSELHO EDITORIAL

Diretor
Volney J. Berkenbrock

Editores
Aline dos Santos Carneiro
Edrian Josué Pasini
Marilac Loraine Oleniki
Welder Lancieri Marchini

Conselheiros
Elói Dionísio Piva
Francisco Morás
Gilberto Gonçalves Garcia
Ludovico Garmus
Teobaldo Heidemann

Secretário executivo
Leonardo A.R.T. dos Santos

PRODUÇÃO EDITORIAL

Aline L.R. de Barros
Jailson Scota
Marcelo Telles
Mirela de Oliveira
Natália França
Otaviano M. Cunha
Priscilla A.F. Alves
Rafael de Oliveira
Samuel Rezende
Vanessa Luz
Verônica M. Guedes

Editoração: Sheila Ferreira Neiva
Projeto gráfico: AG.SR Desenv. Gráfico
Capa: Omar Santos
Ilustração de capa: Mandala produzida por uma paciente de Jung e reproduzida por ele em *Os arquétipos e o inconsciente*, vol. 9/1 da Obra Completa. 5. ed. Petrópolis: Vozes, 2007, p. 341, nota 182.

ISBN 978-85-326-4013-0 (Brasil)
ISBN 978-3-530-42209-2 (Alemanha)

Este livro foi composto e impresso pela Editora Vozes Ltda.

Sumário

Introdução, 7

Parte I A fascinação pelos sonhos, 11

    1 De Gilgamesh a C.G. Jung: os sonhos sempre despertaram interesse, 13

    2 O que é um sonho?, 34

    3 Para que servem os sonhos?, 52

Parte II Os sonhos na psicologia analítica de C.G. Jung – As teorias dos sonhos de C.G. Jung, 69

    1 A primeira teoria dos sonhos: complexos causam sonhos, 73

    2 A segunda teoria onírica: os sonhos compensam a postura consciente, 117

    3 O sonho e o processo de individuação, 158

Parte III A força criativa dos sonhos, 173

    1 O trabalho com os sonhos na prática psicoterapêutica, 175

Sonhar, simplesmente sonhar, 243

Agradecimentos, 249

Referências bibliográficas, 251

Índice, 259

Introdução

Quem dorme também sonha, não há como evitar. Na maior parte das vezes não desejamos nos opor a isso, pois os sonhos nos interessam. O interesse pelos sonhos é grande e aumenta de modo progressivo: novas revistas sobre sonhos são publicadas, os grupos sobre sonhos contam com grande popularidade na internet e a ciência também se interessa pelo assunto: os neurocientistas desejam descobrir o que ocorre em nosso cérebro quando dormimos e quando sonhamos, os pesquisadores ou pesquisadoras que se dedicam à investigação psicológica dos sonhos querem saber se os homens sonham de modo diferente do que as mulheres, se sonhamos mais ou menos na velhice e assim por diante. Os eventos que tratam da simbologia dos sonhos e dos mitos contam com um público amplo. Dicionários de símbolos são sempre escritos e comprados novamente. Como podemos compreender este interesse pelos sonhos? Coisas estranhas acontecem com o ser humano quando ele dorme. Os sonhos são excitantes e misteriosos. Esperamos algo deles: confirmações, estímulos, alertas – é o que dizem as pessoas quando perguntamos por que desejam se ocupar com os seus sonhos. Um anseio vago deve tomar forma; os sonhos devem nos indicar um caminho que nos afasta de uma aflição.

Existem diversas explicações para o ressurgimento do interesse pelos sonhos: sentimo-nos desorientados na vida, possuímos muita liberdade, mas desejamos viver a nossa vida de uma forma boa, correta e feliz. Existe a esperança de que quando as normas externas não nos orientam, os sonhos podem assumir essa função. Isso ocorre com frequência, essa orientação, porém, não existe sob a forma de regras simples e não pode ser obtida facilmente. Os sonhos nos transmitem a possibilidade de experimentarmos um novo sentido apenas quando tentamos redescobrir o seu significado para nossa vida atual e quando permitimos que as imagens dos sonhos estimulem a nossa imaginação.

Outra explicação sobre o porquê de os sonhos se tornarem tão importantes na atualidade se deve a Ernest Hartmann e Robert Basile[1]. Estes observaram que as imagens oníricas dos sonhadores e das sonhadoras se intensificaram após o dia 11 de setembro de 2001. Acreditam que os sonhos processam a excitação emocional e por isso partem do pressuposto de que as pessoas sonham de modo mais intenso na presença de mais problemas emocionais. Tal fato poderia ocorrer principalmente na ausência de outra forma de regular a emoção, como por exemplo dos rituais religiosos.

Os sonhos, é o que acredita a maioria das pessoas, contribuem para o autoconhecimento, nos auxiliam no trato com nós mesmos, são úteis mesmo quando muito desagradáveis. Os sonhos e a tentativa de compreender o seu significado podem nos transmitir uma experiência acerca do sentido de nossa vida. Experimentar um sentido na vida constitui uma necessidade básica do ser humano. Seria negligente descuidar de algo assim como os sonhos, de algo que pode contribuir para a criação de sentido.

---

1. HARTMANN, Ernest & BASILE, Robert (2003). Dream Imagery Becomes More Intense After 9/11/01. In: *Dreaming*, 13.2 [Disponível em www.asdream.org/ journal/article/13-2_hartmann.htm]

A neurociência realiza pesquisas interessantes a respeito do tema da atividade onírica. Na psicanálise de linha junguiana os sonhos, a imaginação e os símbolos arquetípicos ocupam um lugar importante: são vistos como pedras angulares para a superação de conflitos, mas também para o desenvolvimento da personalidade. Existirão sempre aspectos de nossa personalidade que precisam ser considerados por nós – temáticas que poderiam ser vividas são negligenciadas – e não raro os sonhos chamam nossa atenção para tal.

Podemos relacionar as teorias sobre os sonhos de C.G. Jung com a neurociência moderna? Apresentarei estas teorias sobre os sonhos no diálogo com as neurociências, indicando ao mesmo tempo como a teoria influencia o trabalho com os sonhos no âmbito da terapia.

Este livro trata principalmente do fato de apesar de percebermos que os sonhos, quando considerados, acrescentam muito para o autoconhecimento e nos sensibilizam para a convivência humana, eles permanecem misteriosos, ocupam-nos sempre e podem ser compreendidos apenas parcialmente. Talvez seja exatamente isso que os torna tão interessantes para nós. Os segredos sempre despertaram o interesse dos seres humanos, pois nos fazem procurar por soluções.

Parte I
A fascinação pelos sonhos

I De Gilgamesh a C.G. Jung: os sonhos sempre despertaram interesse

Os primeiros documentos escritos que chegaram até nós tratam dos sonhos e da sua compreensão. O confronto com os sonhos constitui até hoje uma área de interesse e de investigação, mas mesmo assim abriga muitos segredos. A forma como os sonhos são compreendidos e o confronto com eles revela muito sobre a cultura dominante em questão e sobre a visão de homem que esta transmite[1].

Os pesadelos de Gilgamesh – mensagens dos deuses

O primeiro sonho que nos foi transmitido por escrito pertence à epopeia de Gilgamesh da Babilônia. Gilgamesh tinha sonhos ruins. Por que razão? Gilgamesh, o rei de Uruk, um terço humano e dois terços divino, tornou-se prepotente. Este rei, que transbordava força, visava apenas o seu próprio prazer. Durante o dia torturava seus súditos impondo-lhes muito trabalho, principalmente aos homens mais jovens. Além disso, à noite tomava-lhes as mulheres. Deste modo os casais não podiam mais se encontrar e as

---

1. Um resumo completo sobre o sonho e a interpretação do sonho na Antiguidade encontra-se em: NÄF, Beat. *Traum und Traumdeutung im Altertum* – Wissenschaftliche Buchgesellschaft. Darmstadt: [s.e.], 2004.

14 Coleção Reflexões Junguianas

mulheres se queixaram com Ishtar, a deusa do amor, que também era a patrona da cidade de Uruk. Ishtar e também os outros deuses estavam aborrecidos com Gilgamesh, que respeitava pouco todos eles. Solicitaram que Aruru, a deusa mãe, criasse um ser que pudesse frear o mau comportamento de Gilgamesh. Aruru gerou Enquidu, que foi criado pelos animais selvagens da estepe e se assemelhava a Gilgamesh em força e coragem. Através de um sonho Gilgamesh foi avisado de que algo estava ocorrendo com os deuses e também Enquidu foi informado que Gilgamesh já havia sonhado com ele. Sendo assim, foi decidido que Enquidu se tornasse companheiro de Gilgamesh.

Gilgamesh teve dois sonhos, um deles eu relato aqui. Contava os sonhos a sua mãe, à deusa vaca selvagem Ninsuna que interpretava os sonhos para ele. Ela predizia o futuro. Provavelmente se encontrava no santuário de Ninsuna um oráculo de sonhos[2].

> Ó minha mãe, o sonho que vi ao longo dessa noite:
> Caminhava pela noite sob as estrelas do firmamento.
> Caíam sempre sobre mim, assim como pedaços de Anum.
> Tentei erguer uma delas, mas revelou-se por demais pesada.
> Fazia-a vacilar, mas não conseguia removê-la[3].
>
> Amava-a tal como uma esposa e a acariciava
> Ergui-a e a lancei aos seus pés.
> Você, porém, a declarou o meu irmão[4].

E a vaca selvagem Ninsuna, sua mãe, interpreta o sonho no sentido de que ele terá um companheiro tão forte como os peda-

---

2. Cf. MAUL, Stefan M. *Das Gilgamesh-Epos* – Neu übersetzt und kommentiert; Beck. Munique: [s.e.], 2005, p. 158.

3. Ibid., p. 245s.

4. Ibid., p. 248s.

Sonhos 15

ços de Amun (o deus celeste). Gilgamesh amará o companheiro assim como uma esposa, o amigo o salvará em muitos momentos. E ela, a mãe, o tratará como um filho.

Esse sonho e mais outro, que não será apresentado aqui, foram encontrados em tabuletas de argila na biblioteca de Assurbanipal em Nínive. Parece tratar-se dos sonhos mais antigos transmitidos em forma escrita. No momento existem indicações que a epopeia de Gilgamesh foi registrada 3 mil anos a.C. Por outro lado, há sempre novas compreenções a respeito dessa epopeia fascinante.

Os sonhos são enviados a Gilgamesh através dos deuses, do céu e ele os leva a sério. Será que o amedrontam um pouco? Falam sobre o futuro, anunciam aquilo que ainda não ocorreu, mas que ocorrerá. Ele precisa simplesmente compreender esses sonhos. A mãe, versada na interpretação de sonhos, o ajuda. Os sonhos, além de serem considerados experiências significativas que precisam ser registradas por escrito, precisam ser interpretados. Desse modo indicam como devemos lidar com as mudanças na vida. Gilgamesh não deve lutar contra esse homem da natureza, mas sim amá-lo, assim este se tornará um companheiro e a sua mãe o adotará. Os homens torturados de Uruk esperam que Enquidu os ajude. Gilgamesh lutou com Enquidu, mas não consegui vencê-lo. Foi assim que se lembrou de seu sonho e da sua respectiva interpretação. Parou de lutar e se alegrou, pois agora tinha um companheiro. Não existe apenas a luta, há também a amizade, o vínculo afetivo. Mas essa amizade tem um preço: a epopeia de Gilgamesh descreve também o primeiro processo de luto da história da humanidade[5], pelo qual Gilgamesh passou quando Enquidu, que aliás também interpretava os seus sonhos, morreu.

---

5. Ibid., p. 110s.

Esta pequena tabuleta foi encontrada por Artemidoro de Daldis, que escreveu, cerca de 160 anos d.C., o primeiro livro sobre a interpretação dos sonhos.

Para obter o material para este livro, ele viajava pelo mundo então civilizado e colecionava textos sobre sonhos.

A interpretação dos sonhos no Antigo Egito e na Bíblia

Para os egípcios os sonhos também exerciam um papel fundamental: assim como na mitologia egípcia a barca do sol atravessa o oceano regenerando-se; enquanto isso, o ser humano se regenera dormindo e durante o sono algo lhe é revelado através do sonho. Os egípcios igualmente compreendiam os sonhos como sinais prestimosos, enviados diretamente pelos deuses. Em conformidade com isso construíam templos para Serápis, o deus egípcio do sonho, o mais famoso foi construído em Mênfis, cerca de 3.000 anos a.C. O livro dos sonhos mais antigo preservado é de origem egípcia, foi transmitido através do Papiro-Chester-Beatty que está guardado no museu britânico. No caso das interpretações contidas nesse papiro trata-se, entre outras coisas, do desvelamento das razões que se encontram por trás dos respectivos sonhos e principalmente também de tornar conscientes os jogos de palavras contidos nos sonhos.

A partir do momento que a interpretação assume um lugar central, a questão de quem possui o poder para a interpretação torna-se igualmente relevante. Já naquela época se alertava as pessoas a respeito de charlatães que amedrontavam os outros com as suas interpretações.

Mas a interpretação dos sonhos não era a única importante, e sim, também o efeito imediato causado no sonhador. Os sonhos também eram consultados nos processos de cura. Provavelmente

Sonhos

os egípcios foram os primeiros a praticarem, em nome de Imotep, deus da cura, a incubação através dos sonhos. Mais tarde essa "técnica" foi assumida e desenvolvida pelos gregos[6].

A Bíblia nos transmite alguns sonhos que se tornaram muito afamados. São emitidos diretamente de Deus e apontam em direção ao futuro à medida que apresentam o plano de salvação divino de modo simbólico. Também aquele que interpreta o sonho, como, por exemplo, José, que interpreta para o faraó o sonho das sete vacas gordas e das sete vacas magras, no qual as vacas magras devoram as gordas, encontra-se ligado ao plano divino de salvação. Por isso é capaz de interpretar este sonho para o faraó. Sua interpretação é genial: Não é a desventura que este sonho prevê, e, sim, indica como se deve lidar com uma possível desgraça, isto é, à medida que nos precavemos, à medida que contamos com as vacas magras, quer dizer, com a possível fome. Os sonhos, e isso não apenas segundo a compreensão da Bíblia, não poupam o ser humano da desgraça, porém, à medida que eles a anunciam, podemos refletir sobre como lidar com ela. Pelo menos assim a desgraça não nos toma de surpresa.

Os sonhos bíblicos se baseiam em um plano de salvação; através dos sonhos os seres humanos entram em contato com esse plano divino, participam dele. A Bíblia igualmente nos alerta a respeito dos falsos profetas e interpretadores de sonhos – o que indica a quantidade de interpretadores de sonhos que existiam, o quão importante era o negócio da interpretação dos sonhos.

---

6. Cf. STEVENS, Anthony. *Vom Traum und vom Träumen* – Deutung, Forschung, Analyse; Kindler. Munique: [s.e.], 1996, p. 30s.

A força curativa e a expressão da criatividade humana – sonhos na Grécia Antiga

Na Grécia Antiga se utilizava a força curativa dos sonhos. Foram construídos pela Grécia inteira em torno de 300 templos, os assim chamados Asclepeia, para Asclépio, o deus da arte da cura. Devemos imaginá-los como sítios de beleza com instalações de água, templos e assim por diante. Aqueles que estavam em busca da cura chegavam aqui após uma viagem longa e penosa. Para receber um sonho curativo tinham que se submeter a um ritual de purificação e vestir roupas novas. Além disso, a preparação para o sonho curativo incluía o ato de se familiarizar com os relatos de sonhos e histórias de cura[7]. Em seguida, aqueles que procuravam pela cura dirigiam-se à parte mais interior do templo, ao sítio sacralizado dos deuses, onde também havia cobras, onde após uma bebida sonífera se deitavam no chão (incubação significa: deitado no chão)[8]. Preparados assim – as preparações já indicam simbolicamente uma transição – e cientes de que sonhos poderiam ser obtidos, esperavam pelo sonho curativo pessoal ou quem sabe por um encontro com o deus Asclépio. Segundo os relatos, Asclépio aparecia com frequência para o sonhador, transmitindo-lhe uma mensagem que prometia a cura. Há relatos sobre curas milagrosas. É igualmente possível que as pessoas, que se submetiam a esse ritual, esperavam tanto que Asclépio aparecesse para elas e lhes falasse a respeito do andamento das coisas, que acabavam imaginando esses "sonhos". Todavia isso não significa que essas imaginações não prestavam nenhum auxílio, e sim, que certas fan-

---

7. Cf. NÄF, Beat. *Traum und Traumdeutung im Altertum*. Op. cit., p. 73.
8. Cf. STEVENS, Anthony. *Vom Traum und vom Träumen*. Op. cit., p. 30s.

Sonhos

tasias, que o ser humano necessita em uma determinada situação difícil, são despertas também através de imaginações induzidas.

O que mais impressiona no caso desses relatos sobre o sono e o sonho de incubação é a preparação cuidadosa para o ato de dormir e sonhar.

Para os pitagóricos era igualmente importante entrar em sintonia com os sonhos, preparar-se para eles. O ato de sonhar durante o sono significava para este povo a conexão com o mundo divino, com o mundo do além, o mundo da morte, mas também com o mundo da imortalidade e da verdade. Por isso necessitavam preparar-se para o sonho através de rituais, purificar a alma para que pudessem entrar em relação com o divino, mas principalmente para compreender as mensagens e as verdades dos deuses; no caso dos pitagóricos estas mensagens dos sonhos também eram compreendidas como portadoras de significados múltiplos. Encontram-se entre estes rituais preparatórios porventura o exame da consciência, mas também a prática de ouvir boa música, cheirar bons aromas e assim por diante[9]. Naquela época o esforço de entrar em contato com o divino através do ato de preparação para os sonhos fazia parte da grande e importante temática do cuidado consigo mesmo, do cuidado de si, que mais tarde passou a ocupar um lugar importante entre os romanos. No caso do exame da consciência não se tratava de cultivar sentimentos de culpa, de repreender ou condenar a si mesmo, e sim, à medida que os maus atos cometidos no dia anterior eram recordados, eles eram reconhecidos e banidos e a pessoa propunha-se a não repeti-lo.

---

9. Cf. JAMBLICHOS. *Peri tou Phytagoreiou biou: Phytagoras* –Legende, Lehre, Lebensgestaltung (1963). Darmstadt: Wissenschaftliche Buchgesell schaft, 2002, p. 9s. e par. 165s.

Segundo Platão e Pitágoras o sonho revela a verdade sobre a alma. E é dessa forma que o sonho é percebido ainda hoje na psicoterapia. Mas hoje diríamos: *uma* verdade sobre a alma e não: *a* verdade.

> Também em Platão sonhos são indícios divinos sobre o futuro. Devemos nos preparar de modo adequado para os mesmos e considerá-los com todo cuidado. Sendo assim, Platão afirma na Politeia: quando, da mesma maneira, depois de amansar o elemento irascível, e, sem se irritar com ninguém, adormecer com um coração não agitado, mas depois de ter tranquilizado estas duas partes da alma, e de ter posto em movimento a terceira, na qual reside a reflexão, assim se entregar ao descanso, sabes bem que é nessas condições sobretudo que se atinge a verdade, e que aparecem menos as visões anômalas dos sonhos[10].

Hoje em dia compreenderíamos estas indicações não apenas como a possibilidade de ter "sonhos menos facinorosos", mas também como uma indicação em relação a como obter um bom sono.

Através de Aristóteles e Artemidoro de Daldis ocorre uma mudança em relação à compreensão da fonte dos sonhos: em geral os dois não consideram mais os sonhos como enviados por Deus[11]. Para Aristóteles os sonhos são a expressão da vida anímica durante o sono. São um fenômeno intrapsíquico, talvez relacionados com os órgãos internos, podendo assim indicar como as doenças se desenvolvem. De qualquer forma não são revelações de uma instância sobrenatural, mas mesmo assim são úteis: podemos

---

10. PLATÃO. Politeia. In: OTTO, Walter F. et al. (orgs.). *Sämtliche Werke*. Vol. 3. Hamburgo: Reinbek, 1968, 572 a-b.

11. Cf. NÄF, Beat. *Traum und Traumdeutung im Altertum*. Op. cit., p. 60.

Sonhos

predizer como agiremos em determinadas situações, os sonhos antecipam tais fatos. E justamente por estarmos cientes dos sonhos podemos decidir agir de outra forma. Porém, nenhum deus infunde os sonhos, sonhar pertence à criatividade humana.

Artemidoro de Daldis[12] escreveu por volta de 150 d.C. uma obra composta por cinco volumes sobre a interpretação dos sonhos. Procurava, conforme mencionado anteriormente, juntar durante diversas viagens a literatura então existente sobre sonhos e o ato de sonhar. Naquele tempo era um entre muitos que interpretava sonhos; para nós, porém, é *o* interpretador de sonhos. Durante a sua interpretação interliga os símbolos dos sonhos com o ser do sonhador, com sua história de vida e com a atmosfera do sonho. Isso nos soa um tanto moderno. Mas o livro dos sonhos também se encontra repleto de interpretações estereotipadas, como por exemplo: "as costas e todas as partes posteriores do corpo são geralmente um símbolo da idade. Por isso, alguns os designam corretamente como o âmbito de Plutão. O estado em que estas partes se apresentam ao sonhador corresponde à velhice deste"[13]. Ao mesmo tempo Artemidoro nos alerta a respeito dessas interpretações estereotipadas e enfatiza repetidamente que o sonho deve ser relacionado com o sonhador e o ser deste[14]. Diferencia, entre outras coisas, os sonhos que traduzem os afetos atuais, principalmente a cobiça, das visões oníricas, os Óneiroi, que constituem a alma, encarnam a linguagem do ser, produzem efeito na alma e também podem predizer o futuro. Esses sonhos precisam

---

12. ARTEMIDOR VON DALDIS. *Das Traumbuch* – Aus dem Griechischen übertragen, mit einem Nachwort, Anmerkungen und Literaturhinweisen versehen von Karl Brackertz. Munique: DTV, 1979.

13. Ibid., p. 60.

14. Cf. ibid., p. 24.

ser interpretados; são necessários para cuidar de si e de sua alma. Um ponto interessante é o fato de Artemidoro tratar a temática sexual nos sonhos de forma extensa, segundo Foucault, porém, não em função da sexualidade, e sim, para chamar atenção para a posição social, como por exemplo: Quem está em cima também se encontra em cima no dia a dia. Percebe o membro masculino como a "confluência de todos os jogos de governar"[15].

Sendo assim, existe para Aristóteles e Artemidoro uma censura em relação à compreensão do sonho: o destino e os deuses não são mais o essencial, e, sim, a própria pessoa. O sonho pertence à pessoa em questão e ao seu contexto de vida. Os sonhos, no entanto, permanecem centrais para quem deseja examinar a si mesmo. Segundo Sêneca, uma vida que prescinde do autoexame não vale a pena ser vivida. Apesar de agora os sonhos serem principalmente reconduzidos à vida anímica da pessoa, as ideias anteriores a respeito da origem divina dos sonhos continuam atuando como pano de fundo, em parte até a atualidade!

Os sonhos para os poetas e filósofos da Era Moderna

No final da Antiguidade tardia o interesse pelos sonhos recua um pouco para um segundo plano. Os pais da Igreja se ocupam com os sonhos, principalmente Santo Agostinho que após ter renunciado a seus excessos sexuais passou a sonhar com os mesmos. Isso o fez questionar, de modo um pouco desesperado, se somos responsáveis pelos nossos próprios sonhos. Hoje lhe responderíamos que ele não é responsável pelos seus sonhos, porém pelo fato de reprimir de tal modo as suas necessidades sexuais.

---

15. FOUCAULT, Michel. "Von seinen Lüsten träumen". *Die Sorge um sich* – Sexualität und Wahrheit. Vol. 3. Frankfurt am Main: Suhrkamp, 1989, p. 57.

Sonhos 23

Mas a ocupação com os sonhos não foi realmente relegada ao esquecimento.

Os sonhos aparecem em uma passagem famosa do "argumento de sonhos" de René Descartes. Após constatar quantas coisas falsas já aprendeu em sua vida, Descartes pergunta pelo fundamento da verdade, por algo em que pode confiar. Para ele isto representa um incentivo para encontrar bases sólidas nas quais é possível apoiar-se. Descartes duvida: Durante o sonho o mundo também nos parece real; torna-se irreal apenas ao despertar. Como podemos então estar totalmente seguros que no estado desperto não estamos apenas sonhando, que estamos realmente despertos? Pois muitas vezes também sonhamos que despertamos durante o sonho. Há razão para duvidarmos. Porém, não apenas: apesar de toda incerteza está certo, e é esta a sua solução, que eu sou aquele que sonha[16].

Durante o Romantismo o interesse pelos sonhos experimenta um amplo revigoramento. Este breve período da intelectualidade alemã corresponde à época entre 1790 e 1830 e aos nomes Tieck, Schlegel, Herder e principalmente Novalis. No Romantismo o sonho é compreendido prioritariamente como um mundo que se opõe a uma compreensão predominantemente racional do mundo. Os românticos não consideram o mundo externo o único real: para eles o mundo interno é tão real quanto o externo. Assim sendo, postulam uma segunda e mais profunda camada do ser humano e a consideram a natureza ou o inconsciente. Esse inconsciente estende-se muito além da existência do indivíduo. O sonho é considerado uma possibilidade de se conectar com essa infinitude que ultrapassa amplamente a experiência do mundo individual. Essa

---

16. Cf. DESCARTES, René. *Meditation über die Grundlagen der Philosophie.* Hamburgo: Meiner, 1959, par. 5-11.

ideia retorna através do conceito de inconsciente coletivo de C.G. Jung, um inconsciente presente do mesmo modo em todos os seres humanos e que pertence à nossa constituição biológica básica.

Se na Antiguidade aqueles que enviavam os sonhos eram os deuses, conectando-os desse modo com o céu, agora os sonhos provêm das profundezas. Forma-se assim uma conexão com algo que ultrapassa em muito o indivíduo e que é igualado ao inconsciente. Em função da visão do sonho como uma ligação com o infinito, o sonho é demasiadamente enaltecido e idealizado. O que será que os românticos faziam com sonhos embaraçosos?

Os filósofos também se ocupavam com sonhos. Schopenhauer (1788-1860) se dedicou a várias questões psicológicas. Sendo assim, concebeu uma teoria, impressionante até os dias atuais, sobre o ridículo[17]. Dedicou-se também à sexualidade como a visão de espíritos e além disso escreveu um tratado interessante sobre o sonho. Ele também se interessava pela diferenciação entre o sonho e o estado desperto e chega à conclusão: "o único critério realmente seguro para a diferenciação do sonho da realidade é de fato nenhum outro do que o critério empírico do ato de despertar [...]"[18]. Mas emitiu igualmente reflexões sobre a formação dos sonhos, reflexões essas que nos soam relativamente modernas:

> Devido ao fato de durante a formação dos sonhos, seja ao adormecer ou durante o sono já ocorrido, o cérebro, este órgão e sede única de todas as representações, encontrar-se separado da excitação externa através dos sentidos, como também da interna através dos pensamentos; não nos resta outra suposição do que a

---

17. SCHOPENHAUER, Arthur. *Die Welt als Wille und Vorstellung.* Vol. 2. Zurique: Zürich, 1988, p. 107-120.

18. SCHOPENHAUER, Arthur. "Die Welt als Wille und Vorstellung". *Gesammelte Werke.* Zurique: Haffmans, 1988, p. 48.

Sonhos

de que o mesmo recebe alguma excitação puramente fisiológica a partir de dentro do organismo[19].

Diferencia igualmente entre sonhos que sonhamos durante o sono profundo e aqueles que ocorrem ao adormecer ou despertar. Para interpretar os sonhos segue Artemidoro, de cujos livros podemos realmente aprender o simbolismo do sonho, "sobretudo de seus dois últimos livros, onde, através de centenas de exemplos, torna compreensível para nós o modo, o método e o humor, dos quais se serve a nossa onisciência que sonha, para, quem sabe, ensinar algo para o nosso desconhecimento no estado desperto"[20]. É interessante não apenas quão bem Schopenhauer parece conhecer Artemidoro, mas também a ideia de designar os sonhos de "onisciência que sonha" e de correlacionar a consciência com o desconhecimento.

Na obra de Nietzsche (1844-1900) existem inúmeros indícios em relação a sonhos e também em relação ao inconsciente e isso, em termos cronológicos, antes da obra marcante de Sigmund Freud sobre a interpretação dos sonhos. Em sua obra os sonhos são sonhados, narrados, interpretados. Em sua biografia Nietzsche conta os seus próprios sonhos. Estes são importantes para ele. Desse modo é de Nietzsche que provém a importante declaração: "Durante o sono e o sonho vivenciamos mais uma vez a condição de uma humanidade mais antiga"[21]. Ou:

---

19. SCHOPENHAUER, Arthur. Parega und Paralipomena. Vol. 1. (1850). In: LÜTKEHAUS, Ludger (org.). *Arthur Schopenhauers Werke in fünf Bänden*. Zurique: Haffmans, 1991, p. 234.

20. Ibid., p. 256.

21. NIETZSCHE, Friedrich (1994). Menschliches, Allzumenschliches. In: SCHLECHTA, Karl. *Werke in drei Bänden*. Vol. 1. Munique: Hanser, par. 12.

Durante o sono o nosso sistema nervoso encontra-se constantemente em excitação em função de múltiplas ocasiões internas [...] e desse modo existem centenas de motivos para que o espírito se admire e procure pelas razões dessa excitação: o sonho, porém, é a procura e a apresentação das razões daquelas sensações excitadas, quer dizer, das supostas razões[22].

Em seguida ele se pergunta por que o espírito por vezes se engana tanto no sonho, quando somos tão críticos no estado desperto. No sonho, entretanto, estamos inclinados a simplesmente acreditar no sonho. Soluciona o problema, à medida que diz para si mesmo que o sonho remonta a "condições remotas da cultura humana"[23]. Encontramos, contudo, indícios essenciais sobre a relação entre a consciência e o inconsciente: "Durante a maior parte do tempo considerava-se o pensamento consciente o pensamento por excelência: Agora surge lentamente a verdade que a maior parte de nossa atividade mental ocorre de modo inconsciente, desapercebido para nós"[24].

A ocupação científica com os sonhos

Mas não eram apenas os poetas, entusiastas e filósofos que se ocupavam com os sonhos, nos quais o inconsciente se revelava; havia também um acesso científico aos mesmos. Carl Gustav Carus (1789-1869) escreveu muito sobre o inconsciente[25]. Defendia a

---

22. Ibid., par. 13.

23. Ibid.

24. NIETZSCHE, Friedrich. Die Fröhliche Wissenschaft. In: SCHLECHTA, Karl. *Werke in drei Bänden*. Vol. 2. Munique: Hanser, 1994, p. 7s.

25. CARUS, Carl Gustav. *Psyche* – Zur Entwicklungsgeschichte der Seele.Ausgewählt und eingeleitet von Ludwig Klages. (1846). Jena: Dietrichs, 1926.

Sonhos

ideia de que o corpo realizava a alma, esta obteria as forças através do inconsciente e do sono e desenvolveria assim diversos níveis da consciência. A chave para a compreensão da vida consciente da alma, porém, encontrava-se, segundo a sua opinião, na região do inconsciente.

Charcot (1825-1893), Janet (1859-1947) e outros – todos eles se dedicavam à anatomia cerebral, ao sistema nervoso e à hipnose. Desse modo uma nova forma de se confrontar com os sonhos foi constituída naturalmente. Charcot, de quem Freud foi aluno, defendia a ideia de que a sugestão e a hipnose se utilizavam de uma dinâmica já existente no inconsciente. Os sonhos por sua vez também expressariam essa dinâmica.

Paralelamente a essa corrente, que manifesta muito interesse a respeito do inconsciente, existem as investigações de Sir Francis Galton (1822-1911), que é considerado o fundador da associação livre para a investigação do pensamento[26]. Interessava-se pela forma como a mente funcionava. Galton:

> Eu queria demonstrar como todo um âmbito de rendimentos mentais, que normalmente escapa à consciência pode ser trazido à luz, registrado e investigado estatisticamente. [...] A impressão provavelmente mais forte que esses experimentos causam refere-se à multiplicidade do trabalho da mente em um estado de semi-inconsciência. Além disso, fornecem bons argumentos para a suposição da existência de camadas mais profundas da atividade mental, que submergiram por completo para debaixo do âmbito consciente de rendimentos mentais, que possivelmente são responsáveis

---

26. Cf. SPITZER, Manfred. *Geist im Netz*. Berlim: Spektrum Akademischer, 2000, p. 235.

por aqueles fenômenos mentais que não podemos explicar de outra forma[27].

Nos anos em torno de 1880 Galton estudou fragmentos mínimos de pensamentos: como surgiam, por que surgiam, como voltavam a desaparecer e como eram substituídos por outros pensamentos. Elaborou uma lista de palavras e investigou quais palavras novas estas evocavam – mediu também o tempo que ele necessitava para que viessem ao seu pensamento. Essas investigações são a base do teste de associação de palavras que remete a Wundt, Kraepelin e Aschaffenburg e que foi sofisticado por Jung em Burghölzli[28].

A estrutura do experimento de associação de Wundt, que foi assumida por Jung, foi e é simples: O condutor ou a condutora do experimento diz uma palavra, o sujeito do experimento reage com a primeira palavra que lhe vem à cabeça: por exemplo, verde-gramado. Quer dizer, tentamos descobrir que ideia é provocada em uma pessoa através de uma palavra, uma palavra estímulo. A princípio procurava-se nestes estudos por regras de associação, pela possível diferenciação entre diversos tipos intelectuais durante a associação, pela diferença entre as associações de pessoas enfermas e saudáveis, pelo significado da atenção para a associação e assim por diante. Kraepelin e Aschaffenburg cansavam os sujeitos da experiência e percebiam que os tipos de associação de pessoas com formação diferentes, pessoas estas que normalmente diferem entre si, se tornavam semelhantes em caso de fadiga: aumentavam por exemplo as associações referentes ao som da palavra (Kuh-Muh [vaca – som do mugido]). Um aumento em relação à re-

---

27. GALTON, Sir Francis (1879), apud SPITZER, Manfredo. Ibid., p. 162.
28. JUNG, Carl Gustav. *Experimentelle Untersuchungen*. [s.n.t.], 1979, par. 1-498 [*Estudos experimentais*. Petrópolis: Vozes (OC, 2)].

Sonhos 29

ação diante do som, foi o que constataram Jung e Riklin, podia igualmente ser percebido em pessoas que passaram por um afeto forte. Descobriram que geralmente nem sempre é possível tecer associações com facilidade, apesar de a linguagem permitir. Existiam reações que Kraeplin percebia como "erros" e que não eram consideradas mais profundamente durante as investigações.

Os assim chamados erros, entretanto, interessavam a Jung e Riklin. Sendo assim investigavam as associações que surgiam apenas após um longo tempo de reação ou que não eram lembradas durante o experimento de reprodução. Questionavam-se, influenciados também pelas investigações de Freud[29], que "reminiscências "poderiam ocultar-se por trás de uma reação desse tipo, quer dizer, de um assim chamado 'erro'. Constataram, que se tratava de uma memória afetiva significativa, que poderia igualmente ser abordada através de diversas palavras. A reminiscência recalcada – foi o que concluíram – consiste em um número maior ou menor de ideias isoladas, 'atadas' através do afeto[30]. Quando não era possível associar facilmente, a palavra estímulo se referia, segundo Jung e Riklin, a uma "questão pessoal embaraçosa"[31]. Denominaram esta questão pessoal embaraçosa de complexo e constataram que por trás desse complexo se encontrava um problema emocional. Segundo Jung e Riklin a temática desses problemas emocionais tornava-se acessível quando se faziam associações às palavras que desencadearam o complexo. Por isso Jung passou a preferir também no caso da interpretação dos sonhos "a associação

---

29. FREUD, Sigmund. *Zur Psychopathologie des Alltagslebens.* Frankfurt am Main: S. Fischer, 1904.

30. Cf. JUNG, Carl Gustav. *Über die Psychologie des Unbewussten.* [s.n.t.], 1971, par. 863-891 [*Psicologia do inconsciente.* Petrópolis: Vozes (OC, 7/1)].

31. Cf. JUNG, Carl Gustav. *Ein kurzer Überblick über die Komplexlehre.* [s.n.t.], 1979, par. 1.350s.

circunscrita", o que significa que retornava sempre para os símbolos isolados dos sonhos e perguntava por novas ideias em relação a estes. Interligava o movimento da mente, conforme Galton o chamaria, sempre com a imagem responsável por este movimento. Na "livre associação", priorizada por Freud, percebe-se a direção do fluxo de associações sem que haja um retorno constante à imagem desencadeadora.

O interesse novamente aflorado pelos sonhos, mas também as técnicas de interpretação dos sonhos, não surgiram do nada: diversas correntes se associaram e encontraram sua forma na psicologia e na psicologia das profundezas de C.G. Jung, influenciando assim o pensamento do século XX de modo decisivo.

O interesse pelo inconsciente e pelos sonhos se uniu ao interesse de Galton pelo ato de associar. A partir disso se formou o interesse pelos sonhos e pela técnica da livre associação, que Freud considerou a base da interpretação dos sonhos[32] em sua obra clássica. Toda a interpretação de sonhos, que se tornou muito importante no século XX, repousa sobre as técnicas que foram descritas na obra clássica de Freud e modificadas em seguida através de escolas isoladas ou também por terapeutas e, por fim, sob a influência do espírito da época[33]. As modificações de Jung consistem principalmente no fato de ele diferenciar o inconsciente pessoal do inconsciente coletivo, e, além disso, considerar o sonho enquanto narrativa. Explicitarei o mesmo mais adiante.

---

32. FREUD, Sigmund. "Die Traumdeutung" (1900). *Studienausgabe*. Vol. 2. Frankfurt am Main": S. Fischer, 1972.

33. Encontram-se excelentes resumos nas monografias de MERTENS, Erman. *Träume und Träumen*. Stuttgart: Kohlhammer, 2005. • MERTENS, Wolfgang. *Traum und Traumdeutung*. Munique: Beck, 2000.

Atualmente é a neurociência que se ocupa com o sonho trazendo à tona novamente a questão sobre a origem e o significado do sonho. Näf acredita que hoje nos deparamos no âmbito da pesquisa cerebral com uma "nova forma de interpretação dos sonhos em termos históricos"[34], o que, entretanto, também leva a um afastamento dos conteúdos oníricos. Mas esta não é a única forma de interpretação dos sonhos atualmente presente. O neurocientista e psicanalista Mark Solms[35] ocupa-se, entre outras coisas, mais profundamente com o fenômeno do sonho. Em seus estudos ele prova ser necessária uma certa excitação no âmbito cerebral para que os sonhos sejam desencadeados. "Não é possível sonhar na ausência da excitação dessa fonte de consciência [da consciência nuclear, V.K.]"[36]. A origem da excitação parece ser irrelevante. Quando adormecemos esta excitação talvez esteja relacionada ao assim chamado "resto diurno", isto é, àquilo que ainda diz respeito a nós e quem sabe também nos envolve. O sono REM, que durante muito tempo foi considerado aquele que causa os sonhos, é um desencadeador de sonhos seguro. Durante o sono ele provoca a excitação em intervalos regulares. O processo do sonho em si, porém, parece ser introduzido pelo "sistema de busca do cérebro"[37]. O sistema de busca é descrito por Panksepp como um sistema de motivação não específico, que procura constantemente por algo

---

34. Cf. NÄF, Beat. *Traum und Traumdeutung im Altertum*. Op. cit., p. 191.

35. Cf. SOLMS, Mark. Traumdeutung und Neurowissenschaften. In: STAROBINSKI, Jean et al. (orgs.). *Hundert Jahre "Traumdeutung" de Sigmund Freud*. Frankfurt am Main: S. Fischer, 2000. • SOLMS, Mark (2005). The Interpretation of Dreams and the Neuroscience [Palestra – Disponível em www.Lptw.de)www.Iptw.de/fileadmin/Archiv/vortrag/2005/solms.pdf].

36. SOLMS, Mark & TURNBULL, Oliver. *Das Gehirn und die innere Welt* – Neurowissenschaft und Psychoanalyse. Düsseldorf/Zurique: Walter Verlag, 2004, p. 224.

37. Cf. PANKSEPP, Jaak. *Affective Neuroscience* – The Foundations of Human and animal Emotions. Nova York/Oxford: Oxford University Press, 1998, p. 149s.

32   Coleção Reflexões Junguianas

que satisfaz as necessidades, por algo interessante, sem saber, entretanto, pelo que procura. Quando esse sistema é danificado, as pessoas deixam de sonhar, mas também não possuem mais motivações, se tornam desinteressantes, apáticas. Esse sistema de busca também é chamado de sistema de "recompensação" e se encontra ligado ao subsistema do prazer[38]. Quando o sistema do prazer é ativado, o sistema de busca se desliga: quando é possível experimentar prazer, a busca pode cessar temporariamente. O sistema de busca poderia pôr em marcha o mecanismo dopaminérgico que gera a atividade onírica. "O estado REM, porém, é apenas um dos vários fatores desencadeadores igualmente capazes de ativar esse mecanismo."[39] Conhecemos também aqueles sonhos que ocorrem logo após o adormecer, aonde ainda não é possível nos encontrarmos em um estado REM.

Os diversos mecanismos, capazes de desencadear os sonhos, se destacam pelo fato de todos "provocarem um estado elevado de excitação cerebral (arousal) durante o sono"[40]. Estas excitações, porém, são capazes de provocar os sonhos apenas quando ativam o sistema de motivação nos lobos frontais. Durante o sono a intenção e a capacidade de ação se encontram bloqueadas, uma razão, segundo Solms, para que o processo onírico se afaste dos sistemas motores e se movimente em direção aos processos de percepção[41]. "As condições necessárias e suficientes para o ato de sonhar são (1) a excitação do cérebro anterior e (2) a integridade da ligação occipito-temporal-parietal [que assume um papel importante

---

38. Cf. SOLMS, Mark & TURNBULL, Oliver. *Das Gehirn und die innere Welt.* Op. cit., p. 215.

39. SOLMS, Mark. Traumdeutung und Neurowissenschaften. In: STAROBINSKI, Jean et al. (orgs.). *Hundert Jahre "Traumdeutung" de Sigmund Freud.* Frankfurt am Main: S. Fischer, 2000, p. 111.

40. Ibid., p. 112.

41. Ibid., p. 117.

Sonhos 33

na geração da representação espaço-visual, VK] e da substância branca límbica do cérebro anterior"[42].

Através de uma investigação que Hartmann realizou em torno de 1980, Solms e Turnbull chegam à conclusão de que o sistema de busca poderia ser o sistema motriz do ato de sonhar.

Hartmann ministrou L-Dopa ou um placebo logo após a primeira fase REM a pacientes normais em termos neurológicos e psiquiátricos – o que provocou consequências imediatas e dramáticas. Os sujeitos que receberam o L-Dopa produziram sonhos mais vivos e em maior quantidade, sonhos emocionalmente mais intensos e mais bizarros do que normalmente[43].

As fases REM não foram influenciadas. Solms e outros compreenderam tal fato como um indício de que o sistema de busca dopaminérgico poderia ser a força motriz primaria que se encontra por detrás dos sonhos. Além disso, ele indica que existe necessariamente uma relação entre os sonhos, o sistema de busca e a psicose[44].

São estas as conclusões de Solms a respeito da psicoterapia: Quando nós, terapeutas, nos ocupamos com os sonhos, há uma boa razão para tal, pois o sistema de motivação, o sistema de busca do ser humano somente dispara quando acontece algo de importante, interessante e significativo para o indivíduo, algo emocionalmente atraente para nós.

É interessante sabermos o que ocorre em nosso cérebro quando sonhamos. Porém, as perguntas – o que podemos concluir de nossos sonhos? Para que servem? Como explicar os sonhos hoje? – continuam.

---

42. SOLMS, Mark & TURNBULL, Oliver. *Das Gehirn und die innere Welt* – Neurowissenschaft und Psychoanalyse. Düsseldorf/Zurique: Walter Verlag, 2004, p. 216.

43. Ibid., p. 220.

44. Ibid.

2 O que é um sonho?

O sonho se torna um sonho apenas quando acordamos. O sonho é uma vivência impressionante que ocorre durante o sono, da qual nos podemos lembrar razoavelmente no estado desperto, que revela algo sobre nossa situação de vida central em termos emocionais naquele momento e que estimula múltiplas ligações cognitivas e emocionais. Ele é uma vivência que provoca mudanças. Trata-se da expressão de nosso si-mesmo durante o sono, da nossa própria criação, existe pouca influência externa[45]. Segundo Jung: "O sonho é uma parcela da atividade psíquica *involuntária*, que possui, precisamente, suficiente consciência para ser reproduzida no estado de vigília"[46].

O sonho provém de processos psíquicos inconscientes. Por isso a interpretação dos sonhos também pôde ser designada por Freud de "a via régia para o inconsciente"[47]. Esses processos inconscientes, entretanto, também são acompanhados pelo estado consciente; nesse sentido o sonho é igualmente interessante para a investigação da questão sobre o que é a consciência[48], podendo gerar novas questões no contexto das investigações sobre a criatividade.

---

45. Influências externas como ruídos ou tremores da terra mais leves são incluídos no sonho. No caso de tremores mais leves as pessoas muitas vezes sonham com um navio balançando.

46. JUNG, Carl Gustav (1945, 1971): *Vom Wesen der Träume*. [s.n.t.], par. 532.

47. FREUD, Sigmund. "Die Traumdeutung". Op. cit., p. 613.

48. Cf. OWEN, Flanagan, Owen. Hirnforschung und Träume – Geistestätigkeit und Selbstausdruck im Schlaf. In: METZINGER, Thomas (org.). *Bewusstsein* – Beiträge aus der Gegenwartphilosophie. Paderborn: Schöningh, 1996, p. 491-522.

Noite por noite nos movimentamos pelos nossos mundos oníricos. Sonhar é um processo criativo: algo que nos traz à tona estes mundos oníricos, que nos são profundamente familiar. Não são apenas simples memórias que havíamos esquecido, imagens culturais que um dia já foram vistas por nós. Por vezes até se trata disso, mas é através dessas memórias, dessas experiências que são criados cenários oníricos sempre novos, mundos oníricos novos e únicos, que parecem estabelecer uma ligação entre si. Alguns deles nos fazem recordar de sonhos que já tivemos um dia: durante o sonho visitamos mais uma vez uma casa de veraneio, uma casa que não possuímos no mundo do estado desperto, e sim, no mundo onírico. Mas essa casa agora aparece a partir de novos contextos. Esses mundos, por vezes bizarros, por vezes surpreendentemente lógicos, que mesmo assim não podem ser comparados ao nosso mundo do estado desperto, são gerados por nós noite após noite. Trata-se de um mundo apenas nosso. O mundo do estado desperto pode ser encontrado por nós. Podemos percebê-lo de modo individual, pois o vemos de acordo com o nosso estado psíquico, as nossas necessidades. Porém no final das contas o mundo do estado desperto não é uma criação nossa. O mundo onírico sim. Mas não é apenas o mundo onírico que se regenera repetidamente, e sim, também a nossa vida relacionada a ele. Desse modo, manifestam-se partes de nossa personalidade até então desconhecidas para nós! Através do mundo onírico também criamos sempre o nosso si-mesmo.

Ao mesmo tempo, porém, nos encontramos estranhamente presos nesse mundo onírico: somos totalmente tomados por ele; não podemos nos distanciar do mesmo enquanto sonhamos, percebemos tudo como verdadeiro, não somos críticos. Certamente sabemos às vezes que estamos sonhando, ou, então, ficamos felizes quando percebemos durante um sonho terrível que talvez se trate apenas de um sonho. Mas isso não acontece com frequência. Quando sonhamos de modo lúcido, temos consciência do fato de estarmos sonhando. Estamos acordados e ao mesmo tempo sonhamos. Talvez teremos êxito em mover os personagens oníricos para que executem certas ações. Em última instância, porém, não podemos nos mover para fora do sonho, a não ser que acordemos. Von Uslar afirma o seguinte: "o sonho como sonho, enquanto é sonhado, é mundo e não apenas um mundo entre outros mundos, [...] e sim, o mundo"[49].

Parece-me extremamente importante valorizarmos verdadeiramente o processo criativo que ocorre durante o ato de sonhar. O sonho é o único mundo que é gerado apenas por nós. E caso o sonho tenha realmente um efeito curativo, caso existam estímulos para o desenvolvimento, conforme Jung considera, isso significa que portamos dentro de nós mesmos as possibilidades de nos curar, de nos desenvolver e principalmente que abrigamos em nós mesmos a possibilidade de sermos criativos. É esta a condição para modificarmos várias situações em nossa vida.

Enquanto sonhamos, o mundo momentaneamente constituído representa o nosso próprio mundo e pouco nos admiramos com o fato de vacas saberem andar de patins. Também não nos admiramos quando gigantes tentam resolver equações matemáticas e ao mesmo tempo choram. Podemos passar por experiências emocionais impressionantes durante o sonho: não apenas medos, mas também alegrias, interesses, raiva e aborrecimento podem ser experimentados, não de forma isolada, e, sim, dentro de uma história, talvez apenas dentro de um pequeno episódio que no momento do sonho é totalmente real e significativo em termos existen-

---

49. VON USLAR, Detlev. *Der Traum als Welt* – Zur Ontologie und Phänomenologie des Traumes. Paderborn: Neske, 1964, p. 90.

Sonhos 37

ciais. O sonho se torna sonho apenas quando acordamos e nesse momento ele provoca estranhamento. Como pude sonhar algo assim?! Quando tomamos consciência de um sonho, quando, quem sabe, o relatamos para alguém, imediatamente surgem ideias em relação ao mesmo, isto é, estabelecemos ligações com o nosso mundo do estado desperto, com outros sonhos, com conflitos e suas emoções, com nossas ânsias e nossos desejos. Desse modo o sonho se emaranha com o mundo do estado desperto, liga os aspectos de nossa personalidade à nossa história do passado e do futuro. Quem sabe podemos considerar tais aspectos de forma lúdica e fictícia: Que tal se eu fosse esse gigante em determinadas situações? Que sensações isso provocaria? Diferentemente do que no sonho, posso em seguida separar-me novamente de forma lúdica dessa ficção. E mesmo assim: o sonho não me larga totalmente, sou também esse gigante. Não totalmente, mas de vez em quando. E imediatamente nos encontramos no meio de um processo de reflexão e de sentirmos o que esse sonho quer dizer, o que deseja, qual o seu sentido. No estado desperto construímos ligações, interligamos os mundos oníricos, esses mundos criativos do nosso mundo cotidiano com os nossos desejos, necessidades, problemas, decepções.

O mundo onírico e o mundo do estado desperto se entrelaçam

Os sonhos são mundos que experimentamos e que, por sua vez, imaginamos durante a narração do sonho. Por isso é importante imaginarmos os sonhos, com os quais nos ocupamos, de modo real e concreto em sua dimensão figurativa, percebê-los da melhor forma possível dentro de sua tonalidade emocional e, sempre quando possível, relatarmos os mesmos a alguém. Se tivermos êxito em imaginarmos e relatarmos o sonho de modo vivo, este se entrelaçará como que por conta própria com experiências cotidianas, com receios e objetivos. Eis o sonho de um homem de 38 anos:

> Devo entrar em minha casa. Não é a minha casa, mas ao mesmo tempo é. La dentro alguém me chama. A chave não funciona – fico cada vez mais agitado: Como posso abrir a porta? Onde existe outra entrada? Fico cada vez mais agitado, xingo, tento usar a chave mesmo assim – acordo. Que sonho estúpido! O que quer de mim agora?

Deparamo-nos aqui com um sonho próximo da realidade, que muitas pessoas poderiam ter sonhado. O sonhador conta o sonho e, ao relatá-lo, torna-se mais uma vez presente para si da forma mais viva possível, percebendo ao mesmo tempo as emoções associadas à história do sonho.

A casa: "Uma casa desconhecida, uma casa que gostaria de ter, um tipo de caverna que amigos nossos possuem. Eles são introvertidos, têm medo de pessoas. A casa representa um acordo: é uma caverna e mesmo assim possui janelas. Eu prefiro a luz! Isso me lembra uma conversa que tive com meu chefe ontem. Assumi uma postura fechada apesar de ele querer me seduzir para trocarmos intimidades..." Seguem longas reflexões sobre como o chefe queria auscultá-lo, o quanto teria sido sensato em não permitir que fosse auscultado, ou será que isso foi totalmente equivocado?

"Lá dentro alguém chama" – isso parece ser importante. O sonhador: "não é uma voz que conheço, é mais um grito de socorro, quem sabe um pouco manipulador. Assim como meu filho costuma fazer quando tem preguiça de fazer algo por conta própria. De repente chama como se tivesse em grande perigo. Mas talvez esteja em perigo – dessa vez". O sonho ilustra um problema: o sonhador não consegue abrir a porta para chegar até a pessoa que chama e que associa ao seu filho; pelo visto o filho não consegue sair dessa casa.

Sonhos

O sonhador se admira com o fato de ficar tão agitado no sonho. "No dia a dia sou tranquilo: se ele quiser algo deve vir até mim." Quem sabe fosse melhor ser menos tranquilo?

À medida que são produzidos entrelaçamentos e ligações transversais a narrativa do sonho perde a sua coerência, é enriquecida através do estado consciente desperto. O mundo onírico e o mundo do estado desperto se interpenetram, a partir disso formam-se novas perspectivas para o mundo do estado desperto.

A maioria dos sonhos tem uma ou várias temáticas emocionais em torno dos quais se formam as cenas oníricas. As emoções se tornam visíveis através das figuras. Quando as emoções se tornam visíveis existe a necessidade de compreensão, ação, modificação e talvez também de configuração criativa.

Nesse exemplo de sonho o tema emocional, agora também conectado às associações, é o da "criança em apuros". Através dos enlaces com o cotidiano a temática emocional tornou-se mais compreensível e próxima da vida. Essa criança em apuros não é recebida pelo sonhador: ele associa que a criança é manipuladora, que se deve tornar mais robusta, ele a rejeita. Esse comportamento se opõe ao comportamento do eu onírico. No sonho parece ser importante para o sonhador, em termos existenciais, abrir essa casa, locomover-se em direção a essa voz que chama. Ele reage de modo desesperado diante do fato de não ter êxito. Ainda que o eu onírico tenha boa vontade na tentativa de abrir a porta e estabelecer uma ligação, não tem sucesso.

Talvez não seja correto deixar a criança sempre tão sozinha quando ela me "chama"? Essa é uma pergunta referente à relação com a criança. Porém, já que o sonho é uma criação totalmente nossa devemos questionar também se o sonhador leva a sério a criança em apuros dentro de si, se ele se empenha para entrar em contato com a mesma ou se procura educar a si mesmo com dureza quando faz sentido refletir sobre o que faz essa criança chamar. E mais adiante o sonhador se questiona se foi certo assumir uma postura tão fechada durante a conversa com o chefe. Será que não desejava lidar de forma mais íntima com ele?

Porém, os sonhos também devem ter consequências. Uma consequência é o fato de que o sonhador relata, semanas após esse sonho, que agora por vezes sente a "criança em apuros" dentro de si e que nessas horas tenta lidar de modo mais afável consigo mesmo.

O trabalho com o sonho está longe de ser esgotado. Queria ilustrar, através desse esboço de um trabalho com o sonho, como o sonho se conecta com a realidade quando despertamos, se entrelaça, questionando assim determinados comportamentos e estimulando novas perspectivas.

Recordar-se dos sonhos

Designamos o sonho um sonho apenas quando nos recordamos dele. Dada a circunstância de que temos muitos sonhos em uma única noite – alguns mais bizarros durante as fases REM, outros mais intelectuais durante as fases não REM, mas que não deixam de ser impressionantes e dos quais nos recordamos mais ou menos quando nos acordam logo após o adormecer – então é de se admirar que somos capazes de recordar e relatar tão poucos sonhos. Não somos bons em recordar sonhos. Isso pode estar ligado ao fato de que durante o sonho o córtex pré-frontal dorme. Mesmo assim: existem pessoas que se recordam melhor, existem também situações de vida durante as quais nos lembramos melhor. Muitos autores já se ocuparam com a capacidade de se recordar dos sonhos.

Sendo assim, existem diversas teorias interessantes sobre esse tema. Schredl em seu resumo sobre pesquisas do sono e do sonho no Instituto Central de Mannheim para Saúde Psíquica (Mannheimer Zentralinstitut für seelische Gesundheit) considera igualmente trabalhos que se dedicam à recordação e ao esquecimento de sonhos[50]. Nesse sentido era revelador que a "imaginação visual, a atividade imaginativa mais acentuada e a frequência de devaneios diurnos" estavam correlacionados com a frequência de recordação dos sonhos (dream recall frequency –DRF). "Estudantes de arte e pintores amadores apresentavam os valores mais altos"[51]. Isso significa que pessoas criativas no campo da percepção visual são mais capazes de recordar o seus sonhos.

Resumindo, valem os seguintes fatores para a recordação dos sonhos:

A recordação dos sonhos depende de fatores externos

Quando podemos acordar de modo tranquilo, quando não somos imediatamente perturbados por um despertador, por pensamentos acerca de alguma obrigação etc., somos capazes de recordar melhor. A maioria das pessoas lembra mais dos sonhos durante as férias e no final de semana do que durante períodos estressantes de trabalho.

Essa percepção está em grande parte de acordo com a assim chamada hipótese de interferência, uma lei clássica sobre a memória que afirma que a recordação é mais difícil quando podemos detectar interferências entre o momento da vivência e o da recordação[52]. Quando acordamos em função da música do rádio ou de ruídos intensos de rua, a recordação de um sonho se torna mais difí-

---

50. Cf. SCHREDL, Michael. *Die nächtliche Traumwelt*: Eine Einführung in die psychologische Traumforschung. Stuttgart: Kohlhammer, 1999.

51. Ibid., p. 29.

52. Ibid., p. 19.

cil. Em princípio os sonhos que sonhamos de manhã cedo são mais passíveis de serem recordados.

A recordação do sonho depende do tipo de sonhos

Sonhos que envolvem uma alta atividade emocional são mais facilmente recordados. Por vezes acordamos diretamente de um sonho dessa espécie. Isso vale principalmente para sonhos aflitivos. Queremos gritar ou fugir – nada tem êxito e acordamos. Markowitsch assinala que 80 a 90% de nossos sonhos são acompanhados por sentimentos de medo[53].

Os sonhos mais longos que são experimentados emocionalmente como significativos, verdadeiras encenações oníricas, são recordados com mais facilidade do que os sonhos ligados ao pensamento que nos tocam pouco emocionalmente.

A recordação dos sonhos depende de um interesse pelos sonhos

Quem se interessa por sonhos consegue lembrar-se melhor deles. Quem se envolve com um tipo de psicoterapia onde o trabalho com os sonhos é fundamental, como por exemplo no caso da psicoterapia junguiana, por via de regra também se interessa pelos sonhos assim como o e a analista. Esse interesse em comum pelos sonhos é muito importante. Os sonhos que ocorrem no âmbito de uma terapia também se encontram vinculados à relação terapêutica. Quando existem dificuldades nesse sentido, isso também pode se expressar através do fato de os sonhos não serem mais recordados.

---

53. Cf. MARKOWITSCH, Hans Joachim. *Dem Gedächtnis auf der Spur* – Vom Erinnern und Vergessen. Darmstadt: [s.e.], 2002, p. 71. • KAST, Verena. *Vom Sinn der Angst* – Wie Ängste sich festsetzen und wie sie sich verwandeln lassen (1996). Friburgo: Herder, 2005, p. 190ss.

Sonhos 43

A participação em estudos sobre o tema "sonhar" aumenta consideravelmente a frequência de recordação dos sonhos[54].

O interesse pelos sonhos envolve igualmente uma dedicação aos sonhos: os analisandos e as analisandas são estimulados a registrarem seus sonhos em um diário de sonhos e a eventualmente representá-los através de meios criativos.

A recordação dos sonhos pode ser exercitada até certo grau: as dicas mais conhecidas, tais como manter utensílios para escrever ao lado da cama e assim por diante, atuam de modo que aumentam a nossa capacidade de recordar os sonhos. Além disso, será útil voltar a nossa atenção também para pequenos fragmentos de sonhos. O que nos faz lembrar melhor dos sonhos é, antes de tudo, o ato de se preparar, ao adormecer, mentalmente para um sonho, esperar pelos sonhos. Quem sabe também seja útil considerarmos novamente entre nós, a partir de uma forma adaptada, alguns dos rituais realizados no templo de Asclépio. Poderíamos assim imaginar um sonho desejado em todos seus detalhes para entrar melhor em contato com o tema emocional em relação ao qual gostaríamos de ter um sonho.

Segundo a minha experiência, o ato de narrar o sonho também estimula a recordá-lo.

A recordação do sonho depende de características da personalidade

Aquele que está aberto para os processos internos, que dá importância para a imaginação, consegue recordar-se melhor dos sonhos. Por exemplo, pessoas pouco convencionais e menos adaptadas socialmente. Hartmann et al. desenvolveram o conceito de "li-

---

54. Cf. SCHREDL, Michael. *Die nächtliche Traumwelt.* Op. cit., p. 35.

mites finos" *versus* "grossos"[55]. Talvez possamos traduzir esses conceitos pela ideia de "sermos mais permeáveis" ou "menos permeáveis". Mais permeável é aquele que não sabe estabelecer limites frente o mundo externo e interno. São pessoas sensíveis, vulneráveis, que têm problemas em relação à proximidade e distância, que sofrem em função de conflitos, são criativas e assim por diante. E essas pessoas mais permeáveis recordam melhor de seus sonhos. Por isso, aquele que é objetivo, racional, que sabe estabelecer bem os seus limites, recordar-se-ia, segundo essa hipótese, relativamente menos de seus sonhos.

Naturalmente, essa capacidade de recordar os sonhos também depende do fato de aceitarmos aquilo que o inconsciente nos oferece ou de preferirmos recalcar o mesmo. Mas também do nosso desejo de nos confrontarmos com essa linguagem onírica, por vezes tão difícil a ser decifrada, de sermos curiosos em relação à mesma.

Existem resultados de pesquisa contraditórios entre si em relação à pergunta se a qualidade da memória visual exerce algum papel determinante e que efeito isso terá em relação à recordação dos sonhos em uma idade mais avançada.

Pessoas depressivas relatam bem menos sonhos do que pessoas saudáveis. Isso se refere igualmente às situações nas quais são acordadas no laboratório do sono. Não está claro a que esse fato se encontra relacionado[56].

Os psicofármacos modificam a recordação do sonho: L-Dopa e inibidores da absorção de seratonina melhoram a recordação dos sonhos, antidepressivos tricíclicos a pioram[57].

---

55. Cf. HARTMANN, Ernest et al. "Personality and Dreaming: The Dreams of People with Very Thick and Very Thin Bounderies". *Dreaming* 1, 1991, p. 311-324.

56. Cf. SCHREDL, Michael. *Die nächtliche Traumwelt.* Op. cit., p. 32.

57. Pesquisas a este respeito se encontram em ibid, p. 32.

A recordação do sonho depende das condições de vida

É mais provável lembrar-se de sonhos e de compreendê-los durante crises existenciais, que ocorrem em função de momentos de passagem na vida, e em situações de grandes conflitos. Nessas situações a maioria das pessoas é mais permeável, espera pelos sonhos e deseja que estes lhe prestem auxílio. Os sonhos são compreendidos à luz da atual situação complicada e vinculados a ela. Isso nos dá a impressão de que podem ser compreendidos com mais facilidade do que em situações onde a vida apresenta várias temáticas emocionalmente significativas com quais um sonho pode ser relacionado. Eventualmente os sonhos também podem ser compreendidos melhor nas situações de crise, pois há menos mecanismos de defesa em ação, pois nos tornamos realmente mais permeáveis. Os mecanismos de defesa podem igualmente ser compreendidos no sentido de nos tornarem menos permeáveis de modo que não somos invadidos por tudo o tempo inteiro.

O sonho como narrativa

Uma vez recordado, o sonho pode ou não ser narrado. Quando transformamos o sonho em narrativa – podemos contar o sonho para nós mesmos ou também para uma outra pessoa – há uma formulação criativa do mesmo. Dependendo da pessoa para quem contamos o nosso sonho, se esta responde com muito ou pouco interesse a essa narração, iremos contar o sonho de uma forma um pouco diferente.

Caso tenhamos êxito em apresentar outra vez o sonho para nos mesmos de modo imagético – e isso não significa apenas que visualizamos imagens, e sim, que podemos também cheirar algo, sentir o gosto de algo, escutar, tocar e sentir algo –, então este se torna realmente vivo. Por um lado, isso significa que podemos experimentar as emoções relacionadas ao sonho pela segunda vez, talvez mais nitidamente do que durante o próprio sonho, por outro, que o sonho também se modifica um pouco e que há a possibilidade de se estabelecerem as primeiras relações que conduzem à interpretação de um sonho.

Quando um sonho é narrado, nós o colocamos em um espaço narrativo. O espaço da narrativa é um espaço que é compartilhado com uma outra pessoa. Podemos relatar os nossos sonhos a pessoas que se interessam por sonhos, que nos escutam e que estão dispostas a se envolverem com o mundo das imagens dos sonhos.

Quando um sonho é relatado para um ou uma terapeuta, então este ou esta também imagina o sonho, pergunta quando algo não está claro ou lhe parece significativo e à medida que vai acompanhando a narração e a ouve de forma imaginativa vai demarcando a importância do sonho. Primeiramente o sonho é importante como um todo: incluindo todas as imaginações que provoca, as emoções que conduz ou modifica, toda a atmosfera que transmite. A cada sonho, o analisando ou analisanda abre o seu mundo inteiramente particular para nós. A narrativa do sonho muitas vezes é formulada de modo interessante no âmbito individual e, sendo assim, perderíamos exatamente essa criação individual caso nos debruçássemos precipitadamente sobre um detalhe do sonho.

Por que sonhei com um crocodilo?

"Por que sonhei com um crocodilo essa noite quando estava tão tranquilo ontem?", pergunta um homem com cerca de 30 anos. Trata-se de uma pergunta inteiramente legítima, mas o sonho não consiste apenas em um crocodilo. E o crocodilo não equivale apenas ao "contrário de tranquilo", conforme o sonhador interpreta o significado do animal através de sua pergunta. Para

Sonhos

compreendermos este crocodilo necessitamos do sonho como um todo. E o paciente o narrou da seguinte forma para mim:

Dirijo o meu carro. Estou bem-humorado. Vou cantarolando e também danço um pouquinho com meu carro. "A senhora sabe como isso funciona?" Quando digo que sim o sonhador diz: "Então, faço isso com o volante – pelo visto a senhora também!" E prossegue: "Acho que estou indo para casa. É noite – acabo de me lembrar disso. Pois de dia não posso dançar com o carro – há trânsito demais –, chamaria a atenção da polícia. Mas... sou cuidadoso, não que a senhora pense algo errado a meu respeito". Confirmo que suponho que ele seja cuidadoso. "Então, e agora o crocodilo. Foi bem surpreendente. Imagine a senhora: Toco no assento do meu lado, nem sei por que, e pego em algo frio, escamoso. Assustei-me. E como! Depois, de alguma forma encontrei-me à beira da rua e penso comigo mesmo: E agora, o que faço com esse bicho? Primeiro olho para ele: É um crocodilo pequeno. Bem, nem tão pequeno, pois ocupa o assento inteiro. Talvez uns 80cm. Era bem tranquilo, também não estava com a boca toda aberta como se vê muitas vezes. Mas mesmo assim me senti um pouco desconfortável – sozinho, com um crocodilo no carro. Agora teria sido bom se a polícia tivesse chegado. Mas justo agora ela não vem. Toco o crocodilo mais uma vez, bem timidamente. Antes ele também não me mordeu. Isso me custa bastante coragem." Ele me olha, digo que sim. "Então, toco o bicho mais uma vez, corajosamente – e aí ele simplesmente desapareceu... quem sabe tem algo no sonho do que não sei. Agora estava muito preocupado, não podemos simplesmente largar um crocodilo tão pequeno no mundo. Pode ser atropelado caso vá até a rua. E, além disso: e amanhã, quando as crianças forem à escola...? E se acabam descobrindo que crocodilo é meu? Acordei infeliz e fiquei aliviado por se tratar apenas de um sonho. Mas depois já não estava mais tão infeliz assim, pois na verdade é um sonho excitante. Muito bom. Mas mesmo assim gostaria de saber por que sonhei com um crocodilo.

O sonhador imaginou o sonho mais uma vez diante de seu olho interno e através de sua narração me levou consigo para dentro desse contexto de imaginação. Ele se assegura repetidamente do meu interesse. Parece que o meu interesse o leva a adornar mais um pouco o sonho, a contar uma boa história onírica. No final da sessão me entrega o relato do sonho, tal como registrou o sonho para si e para mim em casa. Este diz o seguinte:

Estou de carro. Bem-humorado. Alguma hora toco no assento ao meu lado, às vezes coloco um chocolate no mesmo. Sinto uma coisa fria, escamosa. Assusto-me terrivelmente. Vou até o encostamento. Olho com mais precisão: é um pequeno crocodilo – na verdade está bem tranquilo. Toco-o mais uma vez. Depois desvio o olhar – o que devo fazer? De repente ele sumiu. Estou preocupado com o pequeno crocodilo – ainda é pequeno. Mas também não gosto do fato de ele estar andando livre por aí. Podem me pedir satisfações. Entretanto, ninguém sabe que é o meu crocodilo. Acordo, estou aliviado por se tratar apenas de um sonho. Proponho-me a contar o mesmo ao meu chefe. De algum modo é um sonho formidável (impressionante).

O sonho, vivenciado novamente através da imaginação, é bem mais rico e possibilitou o contato entre o sonhador e o sonho. Desse modo, o sonhador sentiu-se mais livre para criar relações mais amplas: não era apenas a pergunta sobre o significado do crocodilo que precisou ser respondida, e sim, o sonho foi posto em um contexto bem mais amplo. Assim surge, por exemplo, a pergunta: "chocolate ou crocodilo – esta é uma alternativa?" O sonhador responde que sim. "Quando fico nervoso, muitas vezes como chocolate. Isso me acalma." Refletiu se por vezes tinha uma boca tal como o crocodilo. Associou-a com voracidade, mas também com "dar uma mordida", com a agressividade perigosa e mordaz que podemos relacionar com o crocodilo. "Talvez deva realmente contar o sonho para meu chefe, ele sempre acha que sou tão inofensivo. Naturalmente o crocodilo está no lugar errado, fora do carro estaria igualmente errado. Preciso encontrar um lugar para o crocodilo..." Em seguida reflete sobre quem por vezes ocupa o assento do carona, além do chocolate. "Na verdade gostaria que lá se encontrasse uma namorada". Através dessa associação lhe vem a pergunta se ele associa mulheres a pequenos crocodilos. "Mordem quando se encontram em um estado de inatividade." Não ficou claro para mim se estava falando dos crocodilos ou das mulheres, das quais, neste momento, ainda sente muito medo, já que as associa a crocodilos – apesar de serem pequenos. Estabeleceu igualmente uma ligação com a morte: refletiu em voz alta sobre o seu modo de dirigir, depois, contudo, opinou: "Caso houvesse uma mulher sentada ao meu lado, quer dizer, assim para sempre, eu não seria mais aquele que sou atualmente".

Foram estabelecidas mais algumas ligações, as quais prefiro não abordar mais profundamente nesse momento. Citei esse sonho aqui principalmente para ilustrar que necessitamos de uma narrativa, que o sonho precisa ser imaginado e relacionado com as emoções. Em uma terapia não se trata de arrancar um motivo isolado do seu contexto e interpretá-lo, nem de tratar os sonhos como se fossem textos prontos e independentes do sonhador ou da sonhadora.

Mesmo que a narração do sonho seja muito importante, é útil, todavia, registrar os sonhos por escrito. Exatamente pelo fato de os sonhos poderem ser facilmente relacionados com o cotidiano durante o estado desperto acabam se dissolvendo enquanto narrativa própria. Na maioria das vezes os sonhos, ou pelo menos alguns dos símbolos que não compreendemos realmente, são aqueles que permanecem por um longo tempo em nossa consciência. Os registros escritos nos devolvem os sonhos novamente como narrativa quando nos aprofundamos neles. Nos sonhos se encontra um aspecto importante de nossa biografia; temos uma biografia dos sonhos se assim desejarmos. Quando observamos os sonhos acerca das mesmas temáticas que sonhamos ao longo do tempo – as assim chamadas séries de sonhos[58] – torna-se claro o quanto os nossos sonhos se modificam e nós com eles.

Entretanto, para trabalharmos de modo realmente terapêutico com os sonhos, é importante vivenciarmos esses sonhos novamente de forma terapêutica e transformá-los em uma boa narrativa. Uma boa narrativa começa com a frase: "Imagine só o que me aconteceu". Convidamos o ou a ouvinte a imaginarem algo e à medida que narramos, habitamos esse espaço imaginário que agora partilhamos e que é igualmente um espaço narrativo. Nesse espaço narrativo são igualmente narrados os sonhos. Dessa forma as emoções são vivenciadas novamente e já podem ocorrer pequenas modificações em relação à tonalidade emocional, mas também a respeito do ponto de vista que existe frente algum conflito, o qual o sonho talvez se refira.

---

58. VON USLAR, Detlev. *Tagebuch des Unbewussten* – Abenteuer im Reich der Träume. Würzburg: Könighausen & Neumann, 2003. Este livro contém uma série de 6.000 sonhos.

Aliás, não desejamos contar os nossos sonhos para qualquer tipo de pessoa e, além disso, relatamos o mesmo sonho de formas diversas para pessoas diferentes. Quando um ouvinte é bastante objetivo nos tornamos facilmente objetivos. No caso de ouvintes mais emotivos, conectamo-nos com mais facilidade com as emoções do sonho.

3 Para que servem os sonhos?

Para C.G. Jung os sonhos e a dedicação a eles encontravam-se no centro de seu estudo e confronto com o inconsciente e também no centro da psicoterapia: "[...] todos os problemas que me preocupavam humana ou cientificamente foram antecipados ou acompanhados por sonhos [...]"[59]. Essa experiência, ou pelo menos a expectativa que assim seja, parece valer ainda atualmente para a maioria dos e das analistas da escola junguiana.

Em seu ensaio *Os objetivos da psicoterapia* Jung escreve: "Aproximadamente um terço dos meus clientes nem chega a sofrer de neuroses clinicamente definidas. Estão doentes devido à falta de sentido e conteúdo de suas vidas"[60]. Nesses casos, diz Jung, os "recursos do consciente estão esgotados"[61].

> A perguntas do paciente tais como: "Qual é o seu conselho? Que devo fazer?", não sei responder, pois nem eu mesmo sei. Só sei de uma coisa: que, quando o meu consciente encalha por não encontrar saídas viáveis, minha alma inconsciente vai reagir a essa estagnação insuportável [...]. Nestes casos, o que viso em primeiro

---

59. JUNG, Carl Gustav (1961, 2005). *Erinnerungen, Träume, Gedanken Von C.G. Jung.* 14. ed. Zurique: Düsseldorf, p. 216 (JAFFÉ, A. (org.)].

60. JUNG, Carl Gustav. Ziele der Psychotherapie. [s.n.t.], 1971, par. 83.

61. Ibid., par. 84.

Sonhos

lugar são os sonhos. Faço isso [...] simplesmente porque não tenho outra saída. Não sei a que mais recorrer. Por isso que tento encontrar uma pista nos sonhos. Estes dão ensejos à imaginação, que tem que ser
indício de alguma coisa. Isso já é mais do que nada. [...]
Faço meus todos os preconceitos contra a interpretação dos sonhos como sendo a quintessência de toda incerteza e arbitrariedade. Mas, por outro lado, sei que
quase sempre dá bons resultados fazer uma meditação
verdadeira e profunda sobre o sonho, isto é, quando o
carregamos dentro de nós por muito tempo. Evidentemente esses resultados [...] são um indicador importante em termos práticos que indica ao paciente em que
direção aponta o inconsciente. [...] Devo contentar-me
simplesmente com o fato de que ele significa algo para
o paciente e faz fluir a sua vida. O único critério que
posso admitir, portanto, é que os resultados do meu
esforço *produzam efeito*[62].

Segundo Jung, a função dos sonhos é fazer fluir a vida novamente, passar da estagnação, que atualmente podemos relacionar
com o problema da falta de sentido, da depressão e do tédio, outra
vez para a correnteza da vida, o que envolve interesse, experiência de sentido e um olhar voltado para frente. Algo que, segundo
Jung, tem êxito apenas quando nos confrontamos com o sonho,
fazemos uma meditação sobre o sonho, o carregamos dentro de
nós. Aqui Jung não fala da interpretação em um sentido mais res-
trito, e sim, afirma que os sonhos estimulam os processos de imaginação, despertam representações, que possuem uma dinâmica
própria e são capazes de pôr ideias enrijecidas em movimento. Sonhos produzem efeitos.

---

62. Ibid., par. 84, 86.

A função dos sonhos – uma perspectiva neurocientífica

Ernest Hartmann, psiquiatra e neurocientista, parte da hipótese de que os sonhos estabelecem conexões, mais do que a consciência em estado desperto[63]. Uma imagem onírica conecta o material da memória, os assim chamados restos diurnos, com as fantasias, além disso liga este sonho a outros, junta duas pessoas em um só, quer dizer, condensa as duas, acopla lugares e assim por diante. Questões antigas são associadas umas às outras e através dessas ligações algo novo pode surgir. No sonho os limites são muito mais permeáveis do que no estado consciente desperto.

Segundo Hartmann, sonhos são "hiperconectivos", quer dizer, possuem alta conectividade. Compara o sonho ao modelo da mente enquanto rede neuronal. As redes no cérebro criam ligações: nós aprendemos[64]. Cada vivência gera uma corrente de excitações na rede neuronal. Desse modo a memória é estimulada. A memória no sentido da totalidade das ligações na rede neuronal, que já se formaram no indivíduo através da experiência, mas também enquanto memória da espécie humana, no sentido das emoções básicas que se manifestam em situações que possuem um valor universal[65]. Um evento mental, um pensamento, uma fantasia, uma imagem onírica representam, segundo Hartmann, a excitação ou o luzir de unidades amplamente espalhadas, de grupos de unidades na rede.

---

63. Cf. HARTMANN, Ernest. "Outline for a Theory on the Nature and Functions of Dreaming". *Dreaming*, 6 (2), p. 147-170.

64. Cf. SPITZER, Manfred (2000). *Geist im Netz. Modelle für Lernen, Denken und Handeln*. Heidelberg: Spektrum Akademischer, p. 58.

65. Cf. SOLMS, Mark & TURNBULL, Oliver. *Das Gehirn und die innere Welt*. Op. cit., p. 126.

Tudo do que ocorre durante o estado desperto ou o sonho provoca que algumas ligações neuronais sejam "postas em funcionamento", que algumas ligações sejam mais enfatizadas e outras menos. O ato de sonhar então estabelece mais conexões do que o estado desperto. Por isso se fala em "hiperconectividade". Evidentemente Hartmann percebe um *continuum* entre os seguintes estados: o estado desperto – encontrar-se em um estado de relaxamento durante o estado desperto – ter sonhos diurnos – sonhar.

Quais, entretanto, são os acontecimentos que criam essas redes neuronais durante o sono? Segundo Hartmann seriam as emoções. As emoções conduzem o processo; o ato de sonhar introduz as emoções em um contexto: na rede neuronal existe um fluxo constante de excitação, isto é, de agitação, conectado a transposições dessa excitação. Hartmann explica essa ideia através da imagem do mar. Quando há muito vento, as ondas são postas em movimento; quando o vento diminui existem menos ondas. Ondas altas correspondem a problemas emocionais, a um conflito. Durante o ato de sonhar, porém, podem ser feitas conexões neuronais variadas. Quais, entre as possíveis conexões, serão realmente estabelecidas determinadas pela emoção que as domina? O sonho coloca a emoção dominante em um contexto.

Hartmann estabelece o paradigma para essa visão a respeito da função dos sonhos a partir dos sonhos que ocorrem após a experiência de um trauma. Pessoas que sofreram algum tipo de trauma raramente sonham diretamente com o trauma vivenciado ou então apenas de início, e sim, têm sonhos onde se manifestam sentimentos, como medo, pavor, a própria vulnerabilidade, sentimentos de culpa e assim por diante.

Segundo Hartmann a elaboração do trauma durante o sonho segue um padrão: primeiro o trauma é repetido no sonho em conexão com sentimentos tais como medo e pavor. Mas eventualmente já ocorre uma pequena modificação; as cenas oníricas e as cenas traumáticas vivenciadas já podem ser diferenciadas levemente umas das outras. Uma mulher que no último momento foi salva de uma casa em chamas sonhou com essa situação. Apesar de que não tenha sido de modo preciso, ela vivenciou o fogo no sonho e em seguida acordou apavorada. O sonho, entretanto, havia se modificado sutilmente: ela estava novamente vivenciando o fogo, mas de repente começou a cair neve. Acordou novamente em pânico, mas já não considerava mais o assunto tão "quente". O sonho começou a assimilar o trauma.

Os sonhos agora conectam este material com outro material que apresenta aspectos emocionais semelhantes, eventualmente com experiências traumáticas anteriores; sentimentos de desamparo ou de culpa do sobrevivente são experimentados no sonho. Mas em seguida o trauma também é ligado a outro material emocional: a fantasias, sonhos diurnos, ao conhecimento, a algo que foi lido e assim por diante. Surgem assim cada vez mais conexões, o trauma exerce um papel cada vez menor e os sonhos voltam a ser o que eram antes do trauma. O trauma é assimilado pelo sonho.

Desse modo conexões transversais são criadas e através desse processo o trauma é "entretecido"[66], entrelaçado no tecido que constitui a nossa vida. Esse processo de produção de interligações através de todo o material que está à disposição da pessoa, através de todas as experiências pelas quais se passou, todo o saber e todas as ideias, é estimulado pela emoção dominante. À medida que o trauma é "integrado" a emoção dominante enfraquece.

---

66. Hartmann utiliza a expressão *interweaving*.

Hartmann conclui a partir dessas observações que o ato de sonhar possui uma função quase terapêutica após a experiência de um trauma. Percebe o processo onírico tal como uma série de perguntas geradas pela emoção, colocadas em um contexto através dos sonhos, possibilitando assim respondê-las. Cada experiência provoca uma modificação ou também um distúrbio na rede neuronal, gera uma superexcitação, provoca uma configuração instável. O cérebro possui, segundo Hartmann, uma tendência para a harmonização; sendo assim, novas conexões, que devem diminuir a excitação, são produzidas. Esse processo de interligar e entrelaçar se encontra bloqueado em pessoas que sofrem de PTSD (distúrbios de *stress* pós-traumático).

Hartmann percebe a dinâmica dos sonhos após um trauma como um paradigma. Acredita que outros sonhos, que não foram causados por traumas, seguem um padrão semelhante. Experiências antigas, despertas através de um resto diurno, provocam as imagens do sonho. Os sonhos processam os problemas do sonhador através de imagens. Por via de regra não se trata de uma única emoção, como no caso dos sonhos após a vivência de um trauma, e sim, de emoções interconectadas. Quando não descobrimos o tema emocional em questão, podemos, segundo Hartmann, interpretar um sonho.

Para Hartmann o sonho é um lugar seguro, principalmente durante o sono REM, esse sono paradoxal durante o qual a pessoa se encontra altamente excitada, apesar de não haver possibilidade de movimento exceto o movimento dos olhos e da respiração. O sonho: um lugar seguro para se estabelecer várias conexões e interligações, sem medo excessivo e sem consequências. Através da excitação e a tentativa simultânea de se apossar dessa excitação ocorrem modificações na memória. Para Hartmann o sonho não está relacionado à consolidação da memória[67], e sim, também à ampliação da mesma. Sendo assim, na memória também estaria armazenada a possibilidade de sobrevivermos a situações difíceis, já que também as sobrevivemos durante o sonho. O que importa para Hartmann não é recordar, narrar ou até interpretar o sonho; o que importa para ele são as conexões transversais que se formam durante o ato de sonhar. Isso nos desconcerta um pouco, pois é justamente o ato de narrar que gera outra vez novas conexões transversais. Possivelmente, Hartmann compreende por interpretação uma interpretação um pouco rígida, que justamente não permite essas múltiplas conexões, forçando, ao invés disso, o sonho para dentro de um leito de Procusto. Hartmann não é o único a afirmar que o sonho atua sem ser lembrado. Rüther defende igualmente a ideia de que os sonhos não lembrados serem os sonhos importantes[68]. Essa perspectiva negligencia sem dúvida o fato de os sonhos também poderem envolver narrativas empolgantes, que nos co-

---

67. Diversos autores defendiam repetidamente a hipótese de que sonhamos para aliviar a memória. Sonhamos para esquecer. Esquecer daquilo que não necessitamos sabermos, daquilo que é excessivo. São representantes desta tese, que inclusive foi enfraquecida pelos mesmos, Crick e Mitchison ("The Function of Dream Sleep". *Nature*, 304, 1983, p. 111-114). Stickgold et al. apresentam a hipótese de os sonhos possivelmente refletirem a ativação e recombinação da memória e que desta forma tanto as memórias como as associações são modificadas. É incerto qual sistema cerebral será ativado. Cf. STICKGOLD, R. et al. "Sleep – Learning, and Dreams: Off-Line Memory Reprocessing". *Science*, 294, 2001, p. 1.052-1.057. Estes provaram em investigações posteriores a relação entre o sono e a aprendizagem procedural. Trata-se, no caso da aprendizagem procedural, da aprendizagem de ações rotineiras (cf. WIRTH, Monika. "Wie man im Schlaf lernt". NZZ, 04/09/05). Markowitsch apontou igualmente que é o sono e não o sonho que importa para a consolidação da memória (cf. MARKOWITSCH, Hans Joachim. *Dem Gedächtnis auf der Spur*. Darmstadt: [s.e.], 2000, p. 117). Isto é, tanto o sono REM como também o sono *slow-wave*.

68. Cf. RÜTHER, Eckart. *Die Seele in der Neurobiologie des Träumens* [Palestra [Disponível em www.Iptw.de/fileadmin/Archiv/vortrag/2005/ruether.pdf].

nectam com o nosso mundo noturno, mundo este que pode ser de grande interesse que vai para além da assimilação da emoção e que é capaz de nos fornecer estímulos importantes.

Evidentemente também estabelecemos ligações no estado desperto. Suponhamos que algo nos aborreça bastante. Em seguida, recordamo-nos de outras situações onde nos aborrecemos de modo semelhante. Talvez também nos recordamos de como encontramos uma solução elegante em uma situação parecida. Porém, é bem mais provável lembrarmos de situações onde nos sentimos igualmente desamparados. A nossa emoção não diminui, e, sim, aumenta. Estamos presos. E, segundo Hartmann, é exatamente isso que acontece em um grau bem menor durante o sonho e é por isso que os sonhos nos prestam tanto auxílio quando precisamos lidar com excitações e problemas emocionais.

As hipóteses de Hartmann e a prática psicoterapêutica

A tese de Hartmann faz sentido quando vista partir de um ângulo clínico e terapêutico. Isso se torna claro principalmente no caso de sonhos que ocorrem durante processos de luto, como também no caso da regulação das emoções através de uma série de sonhos.

O luto

Quando um processo de luto é acompanhado por sonhos, podemos observar mais ou menos o mesmo processo que Hartmann descreve no caso da assimilação do trauma pelo sonho[69].

---

69. Cf. KAST, Verena. *Trauern* – Phasen und Chancen des psychischen Prozesses (1982). Stuttgart: Kreuz, Stuttgart, 2005.

No caso de algumas pessoas, os processos de luto frequentemente se iniciam com sonhos sobre catástrofes naturais, das quais se escapou por pouco. Outras têm sonhos onde o tema central é o abandono. Muitas vezes aqueles estão passando pelo luto sonham com pessoas falecidas ou então se recordam bem melhor desses sonhos específicos. Esses sonhos fazem com que o trabalho do luto se torne possível. Primeiramente de modo que as emoções do luto, que também se encontram ligadas a emoções de medo, raiva, sentimentos de culpa, amor e assim por diante, são experimentadas através dos sonhos. Não se trata aqui apenas da culpa dos sobreviventes, apesar de poder se tratar disso também, e sim, também de as pessoas que estão em luto tomarem consciência do que perderam na relação por agora interrompida. Em vários outros sonhos, nos quais a pessoa falecida aparece, na maior parte das vezes não mais doente, e sim, "na melhor idade", memórias da vida partilhada com ela são vivificadas. Isso significa que esses sonhos nos ajudam a iniciar o trabalho do luto em um sentido mais estrito, onde recordamos da vida partilhada com a pessoa falecida, tomando consciência também daquilo que a pessoa despertou em nós, algo que não precisamos dar por perdido. Assim, torna-se muito evidente para nós o que esta pessoa significou, o que ele ou ela despertou em nós, o que extraiu de nós através de seu amor, algo que agora pertence a nossa própria história e assim podemos nos desprender com mais facilidade da pessoa falecida. Podemos observar a evidência disso em função de os sonhos revelarem novamente temáticas que não precisam ou podem ser relacionadas com a pessoa falecida. A pessoa que está passando pelo luto pode voltar cada vez mais a se envolver com a vida. Não raro encontramos no fim de um processo de luto sonhos que apresentam a imagem da cura.

Sendo assim, uma mulher de 75 anos teve o seguinte sonho após uma terapia, que girava em torno do luto pelo qual passava em função do falecimento de seu marido cinco anos atrás e com quem passou 50 anos de sua vida:

> Eu me encontro em uma estação termal. Há várias pessoas em volta de mim. Estou deitada no chão, estática, e sinto que estou imersa em uma camada de lama mineral. De repente percebo que posso me movimentar. A camada mineral começar a rachar, começa a cair do meu corpo – estou totalmente nua e tenho uma "pele nova" – me sinto muito bem.

A mulher compreende que é como se ela tivesse "nascido de novo" e que agora se encontra envolta por uma "pele boa". Sente-se curada. Isso se revela no fato de ela de repente se sentir entusiasmada, deseja visitar seus filhos nos Estados Unidos, voltar a procurar os amigos.

Quando as pessoas são capazes de lembrarem seus sonhos durante o período de luto, estes acabam trazendo indicações muito importantes, tanto no âmbito emocional como cognitivo, para o processo de luto. O luto pode, até certo grau, ser "assimilado pelo sonho".

A angústia

No caso dos sonhos de angústia de pessoas não traumatizadas, os sonhos igualmente fornecem quase que instruções sobre como lidar com a angústia[70]. Os sonhos transformam a angústia. Apontam, por exemplo, durante uma situação na qual nos sentimos ameaçados, para as nossas próprias potencialidades. Rodeada por um grande número de camaradas mau encarados, uma cri-

---

70. Cf. KAST, Venrena. *Vom Sinn der Angst.* Op. cit., p. 190s.

ança se recorda no sonho de que pode se tornar invisível. Isso acaba tendo êxito, os camaradas mau encarados estão pasmos e furiosos, a criança, por sua vez, relata o sonho repleta de orgulho. Nem mesmo uma horda de camaradas mau encarados pode com ela.

Durante os sonhos de angústia aprendemos sempre que o ato de olhar para aquilo que está acontecendo, distanciando-se assim daquilo que é ameaçador, dissolve o medo. E não é assim que agimos na vida cotidiana e durante a terapia? Olhamos firmemente para o que está acontecendo, para aquilo que provoca o medo. Criamos uma distância à medida que nos perguntamos: Caso um outro tivesse esse medo, o que pensaríamos a respeito?

No sonho a seguir de um homem de 32 anos são apresentados alguns cenários capazes de aplacar a angústia:

> Encontro-me rodeado por vários mosquitos – ou serão vespas? Tento afastá-los dando golpes ao meu redor. Entro em pânico, pois sou alérgico. Tento proteger a minha cabeça. Porém, surgem cada vez mais vespas. Desespero-me cada vez mais. Não tem ninguém que me possa ajudar. De repente estou assistindo a um filme. Estão filmando um experimento científico. Estão investigando quantas picadas de abelhas um ser humano pode suportar. Vejo-me como objeto de pesquisa. Não há perigo, estou sendo cuidado.

A cena emocionalmente tensa é resumida em um filme, o sonhador é capaz de se distanciar. Investiga-se cientificamente quantas picadas ele pode suportar e o pânico desaparece. Evidentemente um sonho desses também precisa ser compreendido, mas em um primeiro momento se trata do fato de o medo estar sendo trabalhado no próprio sonho. Desse modo é possível relacioná-lo com o dia a dia, tornando-se evidente a que esta situação perigosa e desagradável se remete e qual a melhor forma de lidar com ela.

Sonhos

No sonho aprendemos igualmente que a desaceleração bane o medo. Quando caímos velozmente de uma montanha e o medo se torna insuportável, de repente nos tornamos capazes de assistir à nossa queda e na maior parte das vezes ela perde em velocidade. Agora isso já não é mais tão grave assim. Na pior das hipóteses acordamos antes de cair no chão.

No sonho também aprendemos que precisamos encontrar ajudantes em situações críticas. Muitas vezes estes estão imediatamente presentes. No estado desperto sentimos igualmente menos medo quando podemos comunicar os nossos anseios para alguém, convictos de que essa pessoa nos apoiará de alguma forma. Por vezes, porém, a simples presença de uma outra pessoa basta para diminuir o nosso medo.

Sentimentos como estar aborrecido, culpa, vergonha, curiosidade, inveja, ciúme desempenham um papel importante nos sonhos. O sonho torna essas emoções visíveis; por vezes, porém, lida com elas de modo que são vivenciadas de forma menos intensa. As emoções são reguladas através dos sonhos, por vezes também através de séries de sonhos durante um certo tempo. Demonstrarei tal fato a partir de um exemplo de sonhos muito curtos.

A regulação das emoções através de uma série onírica

Klara, 63 anos, encontra-se em tratamento psicoterápico, pois sofre de humor depressivo. Após a vigésima segunda sessão ela sonha:

> Estou perto de um lago. Isso me agrada. Não deixo ninguém perceber.

Três dias depois:

> Estou comendo um prato que jamais comi. É um tipo de sobremesa. Sinto-me aquecida. Tomara que ninguém o veja.

Peço para Klara imaginar esses sonhos uma segunda vez da forma mais viva possível, deve mergulhar nos sonhos, revivê-los. Ela me diz que na verdade sentiu alegria. Por que ninguém pode ver essa alegria? Ela reflete longamente e em seguida a face dela se ilumina: "Alguém poderia estragar o meu prazer".

Em relação ao segundo sonho diz que sobremesas são algo desnecessário. Comemos para além da satisfação. Mas no sonho gostou muito – é um alimento que jamais comeu! "Simplesmente ousei comer esse alimento desconhecido. E fui me sentindo cada vez mais aquecida enquanto comia. Foi quase um pouco excitante!" Por que ninguém pode ver isso? "Sinto-me um pouco envergonhada! Quanta gula!"

Segue uma longa conversa sobre a voracidade, o desejo e a vergonha. A sua vergonha em relação ao desejo já nos é conhecida. Klara vem de uma família onde a menor alegria já sinalizava um desejo perigoso. A conjunção do desejo e da voracidade, por sua vez, eram considerados altamente condenáveis. Em sua família de origem as obrigações encontravam-se em primeiro lugar, e foi assim que ensinaram para ela, estavam sempre sob a ameaça do desejo.

Foi relevante o fato de que durante o sonho e da imaginação posterior ao sonho ela tenha degustado a sobremesa por um tempo. Era um desejo francamente sensual, mas em seguida ela projetava a sua própria rejeição: Tomara que ninguém me veja. Caso alguém a visse ela seria condenada. Porém, não havia ninguém presente que poderia ter visto Klara. Através desse sonho ela pôde perceber, pelo menos no âmbito terapêutico e diante dos meus olhos, que já pode sentir alegria e prazer, mas que existe um outro lado nela que ainda não permite isso.

Cerca de três meses depois:

> Estou em um parque infantil. Estou um pouco deslocada. Uma menina pequena desce de costas pelo escorrega e grita de tanta alegria. A mãe da menina alerta: "Tome cuidado, isso é perigoso!" Acalmo a mãe: "Mas a criança está totalmente segura, está tão feliz!" O sonho ainda continuou, mas não sei exatamente como.

Klara imagina o sonho, se encanta com essa criança corajosa que arrisca algo e que se alegra com isso. Percebe a mãe da criança como um pouco receosa. "Mas essa daí tem medo demais. Deveria fazer uma terapia. Devo defender a criança, ela precisa de ajuda". Olho para Klara duvidando um pouco. Aprofunda-se novamente nas imagens e diz: "Não, essa criança não necessita de ajuda. De qualquer maneira já faz o que quer – e está repleta de alegria".

A paciente compreende a criança como uma personificação de um lado corajoso, alegre, ainda um pouco como uma criança, mas isso não invalida esse lado. Porém, naturalmente também reconhece a mãe receosa como um traço de sua própria personalidade. O eu onírico – algo que a alegra especialmente – está do lado dessa criança. Quem precisa ir à terapia e ser olhada de modo mais cuidadoso é a mãe.

Cerca de um ano depois Klara tem o seguinte sonho:

> Distribuo flores muito bonitas do meu jardim. Mas apenas para pessoas de quem gosto. Isso me anima muito. Entrego uma flor publicamente a um homem um pouco mais velho e também o beijo. Isso é muito erótico!

Klara sempre teve e cultivou um jardim com flores muito bonitas. Algo que sempre foi e continua sendo muito importante para ela. Conta que o jardim é sempre admirado por muitas pessoas. Mas ela nunca deu uma flor. O fato de ela ser tão generosa no sonho a surpreende muito. "Bem que eu poderia experimentar algo nesse sentido." Foi o que fez e sentiu muita alegria. Alegria com a beleza, alegria por doar algo, alegria por alegrar outras pessoas, alegria com uma atitude erótica um pouco ousada – foi o que concluiu e pôde assumi-lo. O sonho despertou um anseio dela de poder doar algo na forma de um presente e de expressar seus sentimentos.

A partir dessa série onírica torna-se se evidente que através dos sonhos pode ocorrer uma regulação emocional. Desse modo conflitos são solucionados: nesse caso o conflito entre querer gozar a vida, sentir alegria e uma proibição interna. A alegria passa a predominar gradativamente.

C.G. Jung afirmava que séries oníricas se prestam especialmente para trazer à consciência do sonhador e da sonhadora temáticas que se encontram consteladas no inconsciente. Isso soa mais fácil do que é, pois às vezes nos deparamos durante o trabalho com os sonhos com séries relacionadas a *diversas* temáticas.

Mas justamente a partir desse exemplo torna-se evidente o quanto é difícil decidir: qual o efeito do próprio ato de sonhar, do ato de narrar, da imaginação e do ato de conectar as ideias? Na situação terapêutica serão estabelecidas mais ligações do que quando lembramos o sonho a sós. Caso a função do sonho seja, conforme acredita Hartmann, a de estabelecer muitas conexões, processando assim problemas emocionais, então o trabalho terapêutico tornaria o sonho ainda mais apto para esta função.

Lidar com as emoções e a sua regulação constitui a parte nuclear de toda forma de terapia. Experiências subjetivas difíceis – e é com isso que lida a terapia – são experiências de ordem emocional. O vínculo, a separação, a autoafirmação, o desenvolvimento – para mencionar em forma de palavras-chave alguns dos temas da psicoterapia – todos eles podem ser considerados através de categorias emocionais. As emoções podem estar demasiadamente intensas: existe medo em excesso, inveja em excesso, desgosto em

Sonhos

excesso, ou então muito pouco intensas: alegria de menos, medo de menos, aborrecimento de menos. Os sentimentos depressivos dominam, os sentimentos ligados à alegria estão pouco acessíveis, a autoestima é desestabilizada com facilidade, a autoconfiança, que já se encontra baixa, não é passível de ser aumentada em hipótese alguma. As emoções precisam ser reguladas.

Em princípio, a teoria de Hartmann faz sentido no contexto clínico. Explica que a regulação emocional é trabalhada igualmente nos sonhos; sendo assim é coerente, mesmo que Hartmann não o veja assim, considerarmos os sonhos como portadores de uma importância central na psicoterapia e que estes podem realmente nos ajudar a introduzir os problemas emocionais em um contexto novo e mais amplo. Além disso, devemos considerar que Mark Solms, partindo da pesquisa neurocientífica, chega à conclusão de que os sonhos se formam apenas quando "o sistema de busca" é estimulado, isto é, quando esse sistema que representa o interesse e a motivação é colocado em marcha através da excitação. Isso significa que os sonhos tratam de temas importantes para o sonhador e a sonhadora e isso, por sua vez, significa que ele ou ela são afetados pelo sonho.

Também Jung percebe que as emoções se modificam através do ato de sonhar:

> [...] pois ocasionalmente os sonhos exercem efeitos notáveis sobre a vida mental consciente, mesmo de pessoas que não podem ser qualificadas de supersticiosas e particularmente anormais. Estes efeitos posteriores ocasionais consistem, a maior parte das vezes, em alterações mais ou menos nítidas da disposição anímica[71].

---

71. JUNG, Carl Gustav. *Allgemeine Gesichtspunkte zur Psychologie des Traumes* (1928/1971). [s.n.t.], 1985, p. 444.

Atualmente são realizados estudos científicos que averiguam se o trabalho com os sonhos realmente tem algum efeito. Clara Hill e suas colaboradoras fizeram diversas investigações durante as quais se discutia com os sujeitos de pesquisa um sonho próprio, um sonho de outrem ou um problema. A interpretação do sonho pessoal trazia os resultados mais altos em relação à "profundidade da sessão" e à "compreensão". O trabalho com os sonhos pessoais foi avaliado como muito eficaz[72].

---

72. Cf. HILL, Clara E. et al. "Are the Effects of Dream Interpretation on Session Quality, Insight, and Emotions due to the Dream itself, to Projection, or to the Interpretation Process?" *Dreaming* 3.4, 1993 [Disponível em www.asdreams. org/journal/articles/hill3-4.htm].

PARTE II
Os sonhos na psicologia analítica de C.G. Jung
As teorias dos sonhos de C.G. Jung

Hartmann então estabelece a hipótese de que os sonhos teriam uma finalidade "quase terapêutica" que se forma em função de os mesmos introduzirem as emoções, que precisam ser reguladas em um contexto, de estabelecerem novas conexões, regulando desse modo igualmente a excitação provocada pelas emoções. Jung o via da mesma maneira. Articulou o seguinte: "Na base do sonho se encontra sem dúvida uma excitação da disposição afetiva na qual os complexos usuais interferem"[1].

Mesmo que Jung afirme não ter estabelecido uma teoria dos sonhos[2], podemos perceber pelo menos duas teorias bem formuladas a respeito dos sonhos.

A primeira teoria dos sonhos diz: *Complexos causam sonhos*. Sobre isso Jung afirma:

> A via régia que nos leva ao inconsciente, entretanto, não são os sonhos, mas os complexos, responsáveis pelos sonhos e os sintomas[3].

> A psicologia dos sonhos mostra-nos, com toda clareza, que os complexos aparecem em forma personificada, quando não são reprimidos por uma consciência inibidora [...][4].

Os complexos "são os personagens dos nossos sonhos diante dos quais nada podemos fazer"[5].

A segunda teoria dos sonhos diz: *Os sonhos compensam a atitude consciente*. Essa teoria é a teoria da compensação. O sonho nos mostra aspectos de nossa personalidade dos quais não nos damos conta no momento ou que precisam ser desenvolvidos. No caso dessa teoria trata-se igualmente da autorregulação da psique, não apenas no que se refere à situação de vida atual, e sim, para que a vida tenha êxito como um todo, para o assim chamado processo de individuação. Acrescento aqui uma primeira definição de Jung:

---

1. JUNG, Carl Gustav. *Symbole und Traumdeutung.* [s.n.t.], 1981, par. 444.
2. JUNG, Carl Gustav. *Ziele der Psychotherapie.* [s.n.t.], par. 86.
3. JUNG, Carl Gustav. *Allgemeines zur Komplextheorie.* [s.n.t.], 1985, par. 210.
4. Ibid., par. 203.
5. Ibid., par. 202.

Sonhos

Quanto mais unilateral for a atitude consciente e quanto mais ela se afastar das possibilidades vitais ótimas, tanto maior será também a possibilidade de que apareçam sonhos vivos de conteúdo fortemente contrastante – cuja qualidade contrastante possui uma finalidade – como expressão da autorregulação psicológica do indivíduo[6].

---

6. JUNG, Carl Gustav. *Allgemeine Gesichtspunkte zur Psychologie des Traumes*. [s.n.t.], par. 488.

1 A primeira teoria dos sonhos: complexos causam sonhos

Emoções e complexos

O que são emoções?

No capítulo *O complexo de tonalidade afetiva e seus efeitos gerais sobre a psique*[7] Jung afirma que a afetividade constitui a base essencial da personalidade[8]. Compreende por afetividade o sentimento, a natureza anímica, o afeto, a emoção.

Essa afirmação soa moderna. Trata-se de uma ideia atualmente bastante difundida. A vida humana é acompanhada do início ao fim pela emoção: No estado desperto e durante o sonho. Toda experiência encontra-se ligada à emoção. Desde o nosso nascimento distinguimos entre as sensações agradáveis e desagradáveis e dessas desenvolvem-se gradativamente os sentimentos de alegria, tristeza, medo, desgosto, inveja, interesse, culpa, vergonha, autoestima. O neurobiólogo Panksepp descreve sistemas de comando emocionais que possuímos em comum com os mamíferos.

"Essa herança de base evolucionária em comum encarna literalmente as experiências primordiais de nossos antepassados, que [...] deixaram marcas no sistema de nossa 'memória procedural'"[9].

---

7. In: JUNG, Carl Gustav. Über die Psychologie der Dementia Praecox. [s.n.t.], 1971, 77-106.

8. Cf. ibid., par. 78.

9. SOLMS, Mark & TURNBULL, Oliver. *Das Gehirn und die innere Welt* – Neurowissenschaft und Psychoanalyse. Düsseldorf/Zurique: Walter Verlag, 2004, p. 128.

74 Coleção Reflexões Junguianas

As emoções são determinadas biologicamente, dependem de estruturas cerebrais inatas[10]. Possuem uma história evolucionária e se tornam diferenciadas a partir do confronto com o mundo, em um primeiro momento principalmente através das pessoas com que estabelecemos os primeiros vínculos, mas também através das experiências com o próprio corpo. Desse modo as emoções são igualmente compreendidas como sistemas de regulação importantes para a sobrevivência biológica e psíquica: regulam a adaptação às condições cambiantes do mundo externo e interno sempre com a intenção de restabelecer no organismo um estado de equilíbrio fisiológico. Quando nos sentimos ameaçados – a ameaça pode ser de origem externa ou psíquica – o nosso corpo reage através do medo. Quando tomamos consciência desse estado enquanto sentimento de medo, faremos de tudo para minimizar o medo. Isso por sua vez é possível à medida que nos desviamos concretamente daquilo que nos ameaça, que fugimos de uma ameaça. Porém, também podemos processar o medo de forma cognitiva, dizendo, por exemplo, a nós mesmos que não há nada a temer nessa situação, que já sobrevivemos a coisas piores ou então simplesmente recalcamos a situação. Aconteceu algo? Não, nada. Por um momento nos encontramos novamente em equilíbrio[11].

Damasio designa a emoção como uma mudança específica, passageira do estado do organismo. Desse modo o sentimento seria a representação dessa mudança a partir de modelos neuronais e das ideias ligadas aos mesmos[12]. "O processo de sentir chama a

---

10. Cf. DAMASIO, Antonio R. *Ich fühle, also bin ich* – Die Entschlüsselung des Bewusstseins. Munique: List, p. 68.

11. Cf. KAST: Vom sinn der Angst – *Vom Sinn der Angst* – Wie Angste sich festsetzen und wie sie sich verwande (1996). Friburgo: Herder, 2005, p. 31ss.

12. Cf. DAMASIO, Antonio R. *Ich fühle, also bin ich.* Op. cit., p. 339.

Sonhos 75

atenção do organismo para o problema com cuja solução a emoção já começou a se ocupar"[13]. Somos ameaçados – o corpo reage
através de uma reação de *stress* (emoção) que chega a nossa consciência na forma de medo (sentimento).

"Emoção" e "afeto" são muitas vezes usados como sinônimos,
"emoção" (movere = mover) também é usado como um termo geral
para o afeto, o sentimento, os estados de ânimo. Sendo assim, o
"afeto" é compreendido no sentido de um sentimento intenso; "sentimento" enquanto um afeto que se tornou consciente e que é passível de ser nomeado; "estados de ânimo" no sentido de estados
emocionais mais duradouros. Parece-me fazer sentido falar sobre
os processos emocionais que se referem a todos esses âmbitos.

O disparador para os processos emocionais podem ser experiências que fazemos com o mundo externo, como também lembranças e ideias, isto é, experiências em relação ao mundo interno. Pensamos em um encontro feliz e nos alegramos. Pensamos
em uma pessoa que já morreu a muito tempo e a tristeza nos inva-
de. Os processos emocionais, entretanto, não se configuram apenas através de nossas ideias, e sim, também o fazem através de
nossos sonhos e as emoções presentes em nossos sonhos podem
influenciar a nossa vida no estado desperto de modo decisivo.
Quem nunca despertou tão feliz de um sonho a ponto de simplesmente não tomar nota de várias inconveniências que fazem parte
do cotidiano? Ou então ocorre o processo inverso: acordamos
com um sentimento de desgosto, permanecendo durante um longo tempo imerso nesse sentimento. Através da emotividade o ser
humano expressa a sua própria vivacidade e a vivacidade da sua
relação com o mundo que partilha com os outros e da sua relação

---

13. Ibid., p. 341.

com seu mundo interior. Todas as experiências que nos atingem são experiências de base emocional... Significam algo para nós, não nos são indiferentes, envolvem o ato de experimentar sentido. Sem os sentimentos tudo nos seria indiferente.

A emoção também constitui um fator essencial para a continuidade biográfica. Todas as emoções constituem o núcleo afetivo de nossa autoexperiência, núcleo este que nos possibilita, entre outras coisas, de nos percebermos os mesmos, apesar de todas as mudanças[14].

Experiências difíceis que nos atingem, que nos atingem sempre nos fazem procurar por uma psicoterapia. As emoções não são apenas um elemento central da organização psíquica, e sim, também um ponto de referência central para a psicoterapia. Mas cada escola tem uma perspectiva um pouco diferente. Temas centrais da vida tal como vínculo, separação, autoeficiência e assim por diante também podem ser descritos à luz das emoções que fazem parte dessas questões. Os relacionamentos são constituídos através de processos emocionais, relacionamentos modificam emoções, mas emoções também modificam relacionamentos. Os relacionamentos mais próximos não podem ser imaginados sem sentimentos. Quando temos acesso ao sentimento de uma pessoa, simultaneamente temos acesso a sua individualidade. Quando não podemos fazer uma leitura emocional de uma pessoa o acesso a ela se torna impossível ou bastante difícil.

Problemas psíquicos são sempre também problemas emocionais. Por exemplo, alguém sente apenas uma grande raiva, mas não consegue expressar, em escala menor, seu aborrecimento. Desse modo é incapaz de expor seu desconforto em situações que

---

14. EMDE, Robert N. "Die endliche und unendliche Analyse". *Psyche*, 45 (9), 1991, p. 763. Cf. KAST, Verena. *Trotz allem Ich* – Gefühle des Selbstwerts und die Erfahrung von Identität. Friburgo: Herder, p. 37.

experimenta como problemáticas. Sente que não consegue esclarecer situações interpessoais, que também não sabe modificá-las e reage através de uma raiva muito grande, incompreensível para as pessoas de seu convívio e percebidas por elas como inadequadas em relação ao real acontecimento.

Outras pessoas já percebem a si mesmas como pouco intensas, sem vida, tudo lhes é indiferente. Uma mulher de 48 anos diz a respeito de si mesma: "Me acostumei a não me aborrecer nem alegrar, além disso quase nada me assusta – mas me tornei indiferente a tudo; a vida é sem graça, sem nenhum sentido". Acredita ter poupado tanto os seus sentimentos que agora simplesmente não consegue mais se sentir viva. Na maior parte das vezes as pessoas têm bons motivos para manter as suas emoções em fogo baixo, isto é, quando estas as ferem demasiadamente. A problemática de não perceberem sentido em suas vidas revela-se para elas e para as pessoas de seu convívio através de sua baixa emotividade.

No caso de outras pessoas, por sua vez, sentimentos isolados dominam a experiência psíquica: são tomadas por uma grande tristeza; aborrecimentos ou sentimentos de culpa dominadores fazem com que outros sentimentos tais como a alegria, o interesse e assim por diante passam para um segundo plano. Ou então reagimos de modo excessivamente emotivo, através de sentimentos disfuncionais em função de nossa história de vida. Uma mulher, por exemplo, reage de modo a expressar vergonha diante de qualquer olhar mais questionador, de se silenciar e de se recolher. Esse comportamento não está de acordo com a situação atual, mas provém de experiências dolorosas referentes a relacionamentos anteriores que ela transfere para os relacionamentos atuais.

A transformação, a mudança exigem emoção. Sem a emoção nada funciona na psicoterapia. Muitas emoções precisam ser elaboradas, esta é a questão central de toda psicoterapia que se dedica ao inconsciente. Na relação terapêutica a emotividade de ambos os participantes ocupa um lugar central. As emoções, entretanto, também são elaboradas no sonho e na fantasia e essas emoções elaboradas acabam agindo novamente sobre o sonho.

Jung se refere a essa e outras experiências quando afirma que a afetividade forma a base da personalidade. Acrescenta que os elementos da vida psíquica são transmitidos para a consciência através de determinadas unidades[15], enquanto experiência sensorial, componentes intelectuais (atualmente compreendidos como elaboração da experiência sensorial) e a tonalidade afetiva[16]. Já naquela época Jung percebia a emoção e a cognição como interligadas – algo que os neurocientistas continuam percebendo da mesma forma[17]. Jung exemplifica o seu ponto de vista: *"Encontro na rua um velho amigo*; em meu cérebro, surge uma imagem, *uma unidade funcional*: a imagem de meu amigo X. Distinguimos nesta unidade [...] três componentes [...] *percepção sensorial, os componentes intelectuais* (representação, imagens de memória, juízos, etc.), *tonalidade afetiva* [...]. Esses três elementos encontram-se firmemente unidos de maneira que, ao emergir a imagem de memória de X, em geral, todos os elementos a ela associados também vêm à tona [...]. A massa total das lembranças possui uma *determinada tonalidade afetiva"*[18].

---

15. JUNG, Carl Gustav. *Über die Psychologie der Dementia Praecox*. [s.n.t.], par. 78.

16. Ibid., par. 78-79.

17. Cf., p. ex., ROTH, Gerhard. *Fühlen, denken, handeln* – Wie das Gehirn unser Verhalten steuert. Frankfurt am Main: Suhrkamp, 2001, p. 269.

18. JUNG, Carl Gustav. *Über die Psychologie der Dementia Praecox*. Op. cit., par. 79-80.

Essa tonalidade afetiva refere-se então, por exemplo, a um sentimento de desgosto. E esse sentimento de desgosto tinge a imaginação e a recordação. Apresentei essa ideia de modo tão detalhado, pois Jung antecipa aqui o conceito de memória de episódios, conforme Tulving o descreveu em 1972[19].

A ação dos complexos

Segundo Jung os complexos são experiências conflituosas internalizadas referentes às relações interpessoais, pelas quais passamos diversas vezes de modo semelhante e que são caracterizadas por uma ou várias emoções penosas. Quando passamos atualmente por experiências semelhantes a essas experiências conflituosas reagimos de acordo com o complexo: comportamo-nos de modo muito emotivo e inapropriado diante da situação, não percebemos a situação concretamente e a interpretamos no sentido-do-complexo: "Sempre me tratam tão mal [...]".

Através de seu experimento de associação Jung provou como os complexos interrompem o ato de associar em função do afeto[20]. Por exemplo, através de uma reação incomum: alguém responde, após uma reflexão prolongada, com a palavra "dançar" diante do termo "verde", ou alguém parece notadamente distraído após a palavra estímulo "conquistar". Associa indiscriminadamente através dos nomes dos objetos que vê na sala. A palavra que desencadeia esse distúrbio encontra-se ligada a problemas emocionais, aponta para um complexo. Os complexos também podem ser ex-

---

19. Cf. TULVING, Endel. Episodic and Semantic Memory. In: TULVING, Endel & DONALDSON, Wayne (orgs.). *Organization of Memory*. Nova York: Academic Press, 1972, p. 381-403.

20. JUNG, Carl. Gustav. *Über die Psychologie der Dementia Praecox*. Op. cit., par. 92.

80   Coleção Reflexões Junguianas

perimentados a partir de manifestações corporais. O experimento
psicogalvânico, que mede as modificações da resistência da pele,
demonstra claramente como o desencadeamento de complexos
também causa uma reação passível de ser experimentada e men-
surada no âmbito corporal e fisiológico[21].

> Jung concluiu a partir desses indícios de um complexo
> que os complexos são recalcados na maior parte das
> vezes e depreende: Quanto maior a tonalidade afetiva
> de um complexo, mais frequentes as interferências no
> experimento[22].

> A intencionalidade da ação é cada vez mais substituída
> por erros não intencionais, que em geral não se conse-
> gue explicar. Desse modo uma pessoa com forte com-
> plexo sofre intensos distúrbios nos testes de associa-
> ção, onde muitas palavras estímulos, aparentemente
> inócuas, acionam o complexo[23].

O complexo, entretanto, também exerce uma influência estranha sobre a memória: ou não conseguimos mais nos livrar da
emoção ou então nos livramos dela de modo tão completo a ponto
de não sermos mais capazes de nos recordar da mesma. Eis a explicação de Jung: um afeto forte afasta o jogo tranquilo da imaginação e domina toda a atenção, possuindo assim a "tonalidade de
atenção" mais acentuada[24] e desse modo é capaz de impedir ou estimular o pensamento consciente. Situações muito carregadas

---

21. Cf. SCHLEGEL, Mario & ZEIER, Hans. "Psychophysiologische Aspekte des
Assoziationsexperiments und Normdaten zu einer Reizwörterliste". *Analytische
Psychologie*, 13 (2), 1982, p. 75-92.

22. JUNG, Carl Gustav. *Über die Psychologie der Dementia Praecox*. Op. cit.,
par. 93.

23. Ibid.

24. Ibid., par. 84.

Sonhos

81

emocionalmente tornam-se um complexo e ocupam a consciência. Isso significa que naquele momento não conseguimos pensar em nada diferente. Caso fomos sempre desconsiderados de novo ao longo de nossas vidas, iremos, se porventura formos desconsiderados outra vez, vivenciar esse acontecimento como algo doloroso, refletir longamente sobre o assunto, remoer a ferida em nossa recordação e, dependendo do temperamento de cada um, elucubrar planos de vingança ou nos lamentar. Os nossos pensamentos não estão livres: precisamos pensar constantemente nesse evento, ele não nos larga.

Quando o evento de tonalidade afetiva toca em um complexo já existente, ele o fortalece[25]. Quando, por exemplo, alguém passou no que tange a sua autoestima por experiências-do-complexo na sua família de origem, suponhamos que lhe disseram constantemente que ele faz tudo errado e, caso a escola repita isso mais tarde, então este complexo se tornará mais forte, a emoção ligada a ele aumenta. Chama atenção o fato de Jung usar aqui, como também em outros momentos, os conceitos de afeto e complexo quase como se fossem sinônimos. Mas fica igualmente evidente que afetos causam complexos e que o afeto é, por assim dizer, aquilo que sustenta as representações que no final chamamos de complexo e que esses complexos influenciam, por sua vez, a afetividade de modo considerável.

Todo acontecimento carregado de afeto, tudo aquilo que é doloroso para nós ou nos atinge sempre torna-se um complexo. Quando as emoções ou os temas ligados ao complexo são tocados, a totalidade dessas conexões inconscientes é ativada – na psicologia junguiana utiliza-se para tal a expressão "constelada" – além da emoção correspondente proveniente da história de vida e das

---

25. Ibid., p. par. 140.

estratégias de defesa associadas, que ocorrem de modo estereotipado. Quanto maior a emoção e o campo de associações correspondentes, mais "forte" o complexo e maior o número de outros componentes psíquicos, em especial o complexo do eu, que são empurrados para um segundo plano. Isso significa que não conseguimos mais decidir livremente sobre como nos comportar, não somos mais capazes de perceber os nossos sentimentos de modo diferenciado, nos comportamos de uma forma que não queremos e começamos a duvidar de nós mesmos. Perdemos temporariamente a segurança que normalmente sentimos a respeito de nós mesmos. A força atual de um complexo em relação aos outros complexos existentes e ao complexo do eu – a atual geografia dos complexos de uma pessoa – pode ser diagnosticada através do experimento de associação.

Naquela época Jung era fascinado pelo fenômeno da associação em si. A sua concepção de recordação, como também da recordação-do-complexo, enquanto unidade funcional significa igualmente que podemos nos aproximar do complexo a partir de cada uma das componentes: da percepção sensorial, da imagem da recordação e da tonalidade afetiva. Isto é, através de novas associações, de novas ideias em relação às palavras que tocaram um complexo. Essas associações conduzem, em última instância, ao tema-do-complexo e à emoção correspondente. Os complexos conectam as nossas associações no sentido de ligações estereotipadas, o que significa que quando não tratados inviabilizam justamente as ligações transversais que possibilitam a diminuição das emoções demasiadamente fortes, ou então estimulam as mesmas quando o problema consiste no fato de a experiência emocional ser rasa.

Jung usou o método da associação para o trabalho com os complexos, porém não a associação livre tal como recomendada

Sonhos

por Freud, e sim, a associação circunscrita: as associações devem se agrupar em torno da palavra, do conceito, da ideia que desencadeou a reação-do-complexo para que este seja introduzido em um campo linguístico e também temático e possa ser compreendido. As associações muitas vezes também ocorrem através de imagens e assim se abre o acesso aos complexos via fantasias, fantasias configuradas através de imagens e via os sonhos.

Jung descobriu que o complexo, e nesse sentido também o tema central da vida que constitui a causa de uma neurose, se torna gradativamente nomeável através das associações que ocorrem em torno da palavra estímulo. "Obtive com a ajuda do experimento de associação a prova de que todas as neuroses contêm complexos autônomos, devido à ação dos mesmos os indivíduos adoecem"[26]. Descreve a relação entre o complexo e a neurose de modo mais lacônico ainda em sua obra *Os problemas da psicoterapia moderna*: "a neurose, isto é, o complexo dissociado"[27]. Ou em 1911: "A neurose é ela mesma de origem psicogênica e provém de um conteúdo psíquico específico que chamamos de complexo"[28].

Por outro lado, Jung afirma repetidamente que todos os seres humanos têm complexos. Jung de fato menciona que o contrário tende a ser mais verdadeiro: os complexos nos têm[29]. No mínimo a liberdade de escolha termina lá onde começa o reino dos complexos, ou, formulado de outra forma: quanto mais emoções se en-

---

26. JUNG, Carl Gustav. *Ein kurzer Blick über die Komplexlehre*. [s.n.t.], par. 1.353.

27. JUNG, Carl Gustav. *Die Probleme der modernen Psychotherapie*. [s.n.t.], 1971, par. 134.

28. JUNG, Carl Gustav. *Ein kurzer Überblick über die Komplexlehre*. [s.n.t.], par. 1.351.

29. Cf. JUNG, Carl Gustav. *Allgemeines zur Komplextheorie*. [s.n.t.], 210.

contram atadas através de nossos complexos, menor a nossa liberdade de escolha quando estes complexos entram em ação[30].

Klara, cuja série de sonhos descrevi acima, tinha uma "fraqueza" para belas coisas, boa comida. Amar as coisas belas, enxergar a beleza, se alegrar com a comida são recursos que nos ajudam a superar muitas experiências nocivas. Por muito tempo, porém, ela não soube usar esses recursos. Encontrava-se bloqueada em função de um episódio-do-complexo que descrevia da seguinte maneira: "Quando você se delicia você é diabólica". Sendo assim, ela não podia se deliciar. Aquilo que os pais lhe diziam, ela mesma dizia a muito tempo para si mesma. Passava por uma confeitaria e via bolos maravilhosos. Nessas horas se aborrecia e praguejava contra a humanidade que era tão voraz. Tornava-se tão "sem energia", conforme descrevia. Apenas quando pôde decidir, também em função da série de sonhos mencionada, se deveria permitir-se o deleite não necessitava mais praguejar tanto contra a humanidade e o mal-estar passou para o segundo plano.

O fato de possuirmos complexos é uma "manifestação normal de vida"[31]; os complexos são as "unidades vivas da psique inconsciente"[32]. Isso significa: os complexos são a expressão de problemas que também constituem temas centrais da vida; são a expressão de problemas da ordem do desenvolvimento que também constituem temas da ordem do desenvolvimento[33]. Determinam a nossa disposição psíquica. Os complexos conduzem à neurose quando são recalcados ou dissociados.

---

30. Ibid, par. 200.

31. Ibid., par. 211.

32. Ibid., par. 210.

33. Cf. KAST, Verena. *Schlüssel zu den Lebensthemen* – Konflikte anders sehen. Friburgo: Herder, 1999.

Em sua confêrencia de tomada de posse na escola técnica superior da Suíça, em Zurique, Jung resume os resultados de sua pesquisa a respeito do complexo e fornece, além disso, uma definição do termo complexo:

> O que é, portanto, cientificamente falando, um "complexo afetivo"? É a *imagem* de uma determinada situação psíquica de forte carga emocional e, além disso, incompatível com a disposição ou atitude habitual da consciência. Esta imagem é dotada de poderosa coerência interior e tem sua totalidade própria e goza de um grau relativamente elevado de *autonomia,* vale dizer: está sujeita ao controle das disposições da consciência até um certo limite [...][34].

Consequentemente, toda vivência semelhante é interpretada no sentido-do-complexo e reforça o complexo, isto é, a emoção que marca este complexo é intensificada[35]. Consequentemente cada vez mais experiências são abarcadas pelo complexo e vividas de acordo com ele.

Os complexos designam os pontos suscetíveis a crises do indivíduo. Enquanto centros energéticos determinam a atividade da vida psíquica. Por um lado inibem a vida, pelo fato de a pessoa ter uma reação emocionalmente exagerada e estereotipada que não está de acordo com a situação. Ao invés disso, reage através de um excesso que é determinado pela sua própria história de vida. À medida que há uma defesa contra essa emoção, constituem-se formas

---

34. JUNG, Carl Gustav. *Allgemeines zur Komplextheorie.* Op. cit., par. 201.

35. JUNG, Carl Gustav. *Über die Psychologie der Dementia Praecox.* Op. cit., par. 1-316, esp. Cap. 2: "Der gefühlsbetonte Komplex und seine allgemeine Wirkung auf die Psyche". Cf. tb. KAST, Verena. *Die Dynamik der Symbole* – Grundlagen der jungschen Psychotherapie. Zurique/Düsseldorf: Walter Verlag, 1999, p. 44ss.

estereotipadas de comportamento e vivências. Os complexos, porém, também portam os germes de novas possibilidades de vida[36].

Além disso, influenciam a nossa percepção do mundo, as nossas emoções, o processo de formação de nossas ideias, mas também os nossos processos somáticos. O núcleo dos complexos é sempre um tema arquetípico[37]. Os temas arquetípicos são comuns a todas os seres humanos. Precisam ser realizados para que as pessoas se sintam bem. Sendo assim toda criança necessita de cuidados maternos suficientes. Quando esses cuidados não são experimentados, a pessoa reage através de determinados "complexos maternos", que, por sua vez, precisam ser especificados.

À medida que Jung percebe os complexos como *psiques parciais dissociadas*[38], ele nos fornece um indício importante para a teoria do trauma que passou a adquirir importância central nos dias de hoje. Nesse artigo Jung argumenta que muitos complexos teriam se formado através de um trauma. Atualmente essa ideia é igualmente importante em relação às reações pós-traumáticas, passíveis de serem compreendidas à luz do complexo dissociado que é capaz de inibir ou estimular o rendimento da consciência[39]. Jung, entretanto, também sempre menciona que existem complexos que não são de origem traumática, e sim, encontram-se enraizados no "conflito moral" ligado ao fato de não podermos dizer sim à totalidade da essência humana[40]. Essa reflexão está de acordo com as observações dos pesquisadores da primeira infância de

---

36. JUNG, Carl Justav. *Allgemeines zur Komplextheorie*. Op. cit., par. 210.

37. Cf. JUNG, Carl Gustav. *Synchronizität als ein Prinzip akausaler Zusammenhänge*. [s.n.t.], 1985, par. 856.

38. JUNG, Carl Gustav. *Allgemeines zur Komplextheorie*. Op. cit., par. 204.

39. Cf. JUNG, Carl Gustav. *Psychologische Typologie*. [s.n.t.], 1971, par. 923.

40. JUNG, Carl Gustav. *Allgemeines zur Komplextheorie*. Op. cit., par. 204.

Sonhos 87

que problemas complicados, como também a solução de problemas em certas situações, podem ocorrer na presença de uma "baixa tensão"[41] como, por exemplo, durante as interações cotidianas com sua tonalidade afetiva quase imperceptível e distante dos afetos mais carregados.

Complexo, símbolo e sonho

A ligação entre complexos e sonhos é essencial na concepção junguiana de psique: "[...] eles (os complexos) são os personagens de nossos sonhos [...]"[42] e: "a psicologia dos sonhos mostra-nos com toda clareza, que os complexos aparecem em forma personificada, quando não são inibidos por uma consciência inibidora [...]"[43]. Dessa forma a ligação entre o complexo, o sonho e o símbolo também é abordada, ligação esta à qual Jung atribuiu importância desde cedo, como por exemplo em 1916 no ensaio *A função transcendente,* no qual designa os conteúdos de tonalidade afetiva (complexos) o ponto de partida para fantasias, isto é, para a formação dos símbolos. "É na intensidade do distúrbio emocional que consiste [...] a energia que o paciente deveria ter a seu dispor para sanar o seu estado de adaptação diminuída"[44]. Jung já percebe desde 1916 a psique como um sistema autorregulador, um sistema cujo objetivo é sempre um equilíbrio dinâmico.

A observação de que a energia necessária para a autorregulação e adaptação daquele que sofre se encontra contida no distúrbio afetivo constitui uma base teórica para as diversas técnicas, tais

---

41. DORNES, Martin. *Die frühe Kindheit* – Entwicklungspsychologie der ersten Lebensjahre. Frankfurt am Main: S. Fischer, 1997.

42. JUNG, Carl Gustav. *Allgemeines zur Komplextheorie.* Op. cit., par. 202.

43. Ibid., par. 203.

44. Ibid., par. 166.

como a imaginação, pintura, o jogo de representação, o uso da caixa de areia e outras técnicas utilizadas na terapia junguiana para tornar os complexos mais conscientes e possibilitar uma mudança criativa.

> Uma mulher de 28 anos teme o seu exame final na universidade. Ela vivencia este medo através do estômago enquanto um sentimento de náusea, enjoo, sentimentos associados ao medo de vomitar. Peço a ela, dentro do âmbito de uma intervenção de crise, que se concentre nesse sentimento e que permita o surgimento de imagens. Ela se vê na forma de uma pessoa pequena apertada por uma corda. Durante a conversa a imagem se amplia: agora ela também percebe uma figura grande e luminosa que enrolou essa corda em torno dela. Compreende que quando precisa ser tão luminosa acaba se apertando muito. Durante a imaginação ela modifica as duas figuras – a figura luminosa se torna mais humana, a figura pequena consegue se libertar da corda e cresce. Agora a mulher tem coragem de enfrentar o exame universitário.

Este exemplo demonstra como os complexos podem causar a formação de símbolos e como se deve utilizar a energia contida no distúrbio emocional. Jung aponta para essa relação entre complexo e fantasia de modo bastante claro em 1929 no ensaio *Os problemas da psicoterapia moderna*[45].

> O complexo forma, por assim dizer, uma pequena psique fechada, cuja fantasia desenvolve uma atividade própria. Aliás, a fantasia é a atividade espontânea da alma, que sempre irrompe quando a inibição provoca-

---

45. JUNG, Carl Gustav. *Die Probleme der modernen Psychotherapie.* [s.n.t.], par. 114-174.

da pela consciência diminui ou cessa por completo, como durante o sono. Durante o sono a fantasia manifesta-se em forma de sonho. Mas, mesmo acordados, continuamos sonhando subliminarmente, e isso principalmente devido aos complexos recalcados ou de algum modo inconscientes[46].

Através da expressão "complexos de algum modo inconscientes" Jung se refere a conteúdos que se constelam a partir do inconsciente, quer dizer, ainda não estiveram conscientes.

Complexos – e complexos também são a expressão de emoções – provocam fantasias e segundo Jung essas fantasias aparecem durante o sono na forma de sonhos. Por isso há também a proximidade entre sonhos e devaneios diurnos e consequentemente a possibilidade de transformar os sonhos através da imaginação e dos devaneios diurnos.Tanto os devaneios diurnos como os sonhos "trabalham" com os complexos constelados. Os complexos correspondentes são ativados no dia a dia, nas experiências que dizem respeito às relações interpessoais, quer dizer, quando passamos por experiências que se associam ao nosso padrão-do-complexo.

Quando, por exemplo, Klara, a mulher mencionada anteriormente, via bolos, isso despertava nela um desejo pelos mesmos. Devido ao fato de esse desejo não ser permitido, de ser designado, em função do complexo, de gula, algo que não podia existir em hipótese alguma, esses episódios-do-complexo eram sempre ativados novamente e estragavam a sua alegria de viver. Apenas quando tomou consciência da questão, podendo também se distanciar da mesma, tornou-se possível para ela ver um bolo sem que isso lhe gerasse desconforto.

---

46. Ibid., par. 125.

As experiências-do-complexo manifestam-se via os assim chamados "restos diurnos", quer dizer, através daquilo que não foi solucionado em termos emocionais durante o dia. A respeito disso Jung diz: "o sonho é uma autorrepresentação em forma espontânea e simbólica da situação atual do inconsciente"[47]. Para ele os símbolos constituem a linguagem da alma. São mensagens que apontam para dificuldades que precisam ser solucionadas ou para as quais o sonho já traz uma possibilidade de solução; porém, trata-se igualmente de mensagens que apontam para potenciais não vividos, imprescindíveis para o processo de individuação, para o processo vital de se tornar si mesmo. Através do confronto com os sonhos forças autocurativas da psique podem ser desencadeadas.

Os germes de novas possibilidades de vida, estes germes criativos passíveis de serem vistos também através dos complexos, manifestam-se quando os complexos não são reprimidos, quando nos concentramos na tonalidade, no sentimento ou no afeto tomando ciência das fantasias que surgem e conferindo forma às mesmas, quer dizer, quando permitimos que se manifestem através dos símbolos. Os símbolos são tanto a expressão dos complexos, como também o âmbito onde estes podem ser elaborados. Os complexos se tornam visíveis através dos símbolos, também a partir dos símbolos oníricos, onde os complexos são ampliados através da fantasia.

O símbolo segundo Jung

A palavra "símbolo" deriva da palavra grega *symbállein*, que significa "conjugar, unir". O símbolo, *symbállein*, significa, segundo a história do conceito, algo composto: a parte visível de uma realidade ao mesmo tempo invisível, ideada. Trata-se sempre de

---

47. JUNG, Carl Gustav. *Allgemeine Gesichtspunkte*. Op. cit., par. 505.

Sonhos

algo evidente que aponta para algo mais profundo: por exemplo, algo material que aponta para algo ideado, ou algo específico que aponta para algo genérico e assim por diante.

Toda interpretação procura encontrar algo mais profundo por trás daquilo que se manifesta em um primeiro plano. O símbolo e aquilo que ele representa encontram-se internamente ligados, um não pode ser separado do outro, o primeiro plano e a dimensão mais profunda estão conectados. Segundo Jung, "Um conceito ou uma imagem são considerados simbólicos quando significam mais do que designam ou expressam. Possuem um aspecto 'inconsciente' abrangente impossível de ser definido ou explicado de uma forma que seja esgotado"[48]. Os símbolos estão além de qualquer determinação, por isso podemos nos dedicar sempre a um símbolo, encontrando também novos significados. No sonho, portanto, parece ser possível fazermos ligações diversas e até paradoxais.

Segundo Jung, os símbolos podem ser vivos:

> Enquanto um símbolo se mantém vivo, é porque constitui a melhor expressão de uma coisa. O símbolo só se conserva vivo enquanto estiver repleto de significado[49].

> "A parte inconsciente do acontecimento psíquico alcança a consciência, se é que alcança, apenas de modo indireto. O acontecimento, que revela a existência de seu lado inconsciente, é marcado ou por sua tonalidade emocional ou por sua importância vital que não foi reconhecida de modo consciente. A parte inconsciente é um tipo de segundo propósito que com o passar do tempo poderia tornar-se consciente através da intuição ou de uma reflexão mais profunda. Porém, o aconteci-

---

48. JUNG, Carl Gustav. *Symbole und Traumdeutung*. [s.n.t.], 1981, par. 417.

49. JUNG, Carl Gustav. *Definitionen*. [s.n.t.], 1971, par. 896.

mento pode igualmente manifestar, é o que ocorre por via de regra, o seu aspecto inconsciente em um sonho. O sonho por sua vez revela o aspecto subliminal na forma de uma *imagem simbólica* e não através de uma ideia racional. Aliás, foi a compreensão dos sonhos que em um primeiro momento nos possibilitou a investigar o aspecto inconsciente de acontecimentos psíquicos conscientes e de analisar a sua natureza[50].

Jung não diferenciava entre o conteúdo manifesto e o conteúdo latente do sonho, não existia para ele um censor do sonho, conforme determinou Freud, responsável pelos conteúdos bizarros do sonho:

> O sonho é um fenômeno normal e natural que certamente é aquilo o que é e não significa nada diferente disso. Designamos os seus conteúdos simbólicos, pois pelo que parece não possuem apenas um significado, e sim, apontam para diversas direções e, sendo assim, precisam significar algo que se encontra inconsciente ou pelo menos não totalmente consciente[51].

Solms e Turnbull se questionam igualmente se a ideia do censor se sustenta e acreditam que podemos abrir mão dessa ideia. Explicam seu ponto de vista da seguinte maneira: durante o sono a atividade cognitiva se desloca

> para a parte posterior do cérebro anterior; ao mesmo tempo os lobos parietais, temporais e occipitais são ativados. Isto é experimentado na forma de uma percepção e cognição imaginativa que, entretanto, se diferencia do pensamento em estado desperto à medida que nenhuma inibição por parte dos lobos frontais atua so-

---

50. JUNG, Carl Gustav. *Symbole und Traumdeutung*. [s.n.t.], 1981, par. 420.
51. Ibid., par. 569.

Sonhos

bre ela. Na ausência da ação dos lobos frontais – cuja função é programar, nortear e controlar – sobre a nossa cognição, afetos e percepções tornam-se bizarros, ilusórios e de caráter alucinatório[52].

Além disso, Solms e Turnbull indicam que a anatomia funcional do ato de sonhar e da psicose de ordem esquizofrênica seria quase idêntica, com a grande diferença de que no caso da esquizofrenia a componente audioverbal da percepção está ativa, enquanto no sonho a componente visuoespacial entra em ação[53].

A compreensão de símbolo de Erich Fromm[54] também se encontra muito próxima da visão junguiana:

> A linguagem simbólica é uma linguagem na qual experiências, sentimentos e pensamentos são expressos de modo que nos parece tratar-se de percepções da ordem dos sentidos, de eventos pertencentes ao mundo externo. [...] A linguagem dos símbolos tem uma lógica onde as categorias dominantes não são o tempo e o espaço, e sim, a intensidade e a associação. É a única linguagem universal, desenvolvida pelos homens e que é a mesma para todas as culturas no decorrer da história. É, por assim dizer, uma linguagem com uma gramática e sintaxe próprias, uma linguagem que necessitamos compreender caso desejarmos compreender o significado de mitos, contos de fada e sonhos.

---

52. SOLMS, Mark & TURNBULL, Oliver. *Das Gehirn und die innere Welt* – Neurowissenschaft und Psychoanalyse. Düsseldorf/Zurique: Walter Verlag, 2004, p. 225.
53. Ibid.
54. FROMM, Erich. "Märchen, Mythen, Träume". *Gesamtausgabe*. Vol. 9, Munique: DTV, 1989, p. 172-197.

O homem moderno, entretanto, esqueceu tal linguagem, não quando está dormindo, mas quando está desperto[55].

Os símbolos são objetos que fazem parte do mundo sensível, o que, entretanto, aponta apenas um primeiro plano. Encontram-se neles, conforme mencionado anteriormente, indícios para algo mais profundo: algo ainda não sabido, ainda não consciente ou algo simplesmente esquecido. Essa dimensão mais profunda, porém, pode ser muito mais enigmática: a expressão do totalmente outro, do abissal que nos enche de curiosidade e anseio. Dependendo do contexto do símbolo o seu significado também se modifica. Novas formas de significado surgem. E devido ao fato de os símbolos conterem sempre o indício de algo ainda desconhecido, precisam ser interpretados. Os símbolos possuem pelo menos um sentido duplo: encobrem e revelam, ocultam e desvendam, são regressivos e progressivos, nos fazem lembrar e esboçam algo futuro. No símbolo encontramos reminiscência e antecipação, recordação e expectativa. Nesse sentido torna-se claro que os símbolos são a expressão de complexos e que aquilo que se aplica aos complexos também se aplica a eles.

Os símbolos igualmente repetem aquilo que vivenciamos, por vezes, também aquilo que a humanidade vivenciou e aquilo que se manifesta nos produtos culturais. Mas não apenas repetem, e sim, também, modificam. Na maior parte das vezes os nossos problemas pessoais são também problemas tipicamente humanos, porém, dentro de um padrão individual. São problemas com os quais a humanidade sempre arcou. A poesia, a arte ilustrativa, a música apresentam variações de símbolos que condensam as formas se-

---

55. Ibid., p. 174.

Sonhos

melhantes através das quais os problemas existenciais sempre foram retratados e superados. No fundo, os símbolos são projeções de nossas possibilidades imaginárias.

A interpretação em nível do objeto e do sujeito – Sonho com os outros ou comigo mesmo?

Essa visão segundo a qual os símbolos são objetos do mundo sensível, apontando ao mesmo tempo para algo mais profundo e que eles mesmos provêm tanto de nossa história pessoal como da história da humanidade, remete a uma interpretação em nível do sujeito e do objeto. A interpretação em nível subjetivo é uma ideia de Jung que atualmente é assumida por quase todos que trabalham com sonhos[56].

Os símbolos com os quais nos deparamos nos sonhos expressam a situação psíquica da pessoa; encontram-se neles, entretanto, igualmente indícios de potenciais não vividos, aspectos da personalidade que podem ser vividos. O nosso si-mesmo sempre trará aspectos que ainda precisam ser realizados.

No trabalho com os sonhos, Jung se refere ao relato dos sonhos à narração. No caso da interpretação precisamos considerar dois níveis: o objetivo e subjetivo. Segundo Jung:

> Por isso introduzi a seguinte terminologia: a interpretação em que as expressões oníricas podem ser identificadas como objetos reais é por mim denominada *interpretação em nível do objeto*[57].

---

56. Cf. ERMAN, Michael. *Träume und Träumen*. Stuttgart: Kohlhammer, 2005, p. 40.

57. JUNG, Carl Gustav. *Über die Psychologie des Unbewussten*. [s.n.t.], par. 130.

A interpretação em nível do objeto refere-se a pessoas ou situações conhecidas do mundo do estado desperto ou então à projeção do sonhador ou da sonhadora em relação a essas pessoas. Esse nível de interpretação considera a relação com a realidade e o aspecto relacional. Quando sonhamos com uma pessoa que nos interessa significativamente, o sonho será considerado, em um primeiro momento, no nível do objeto.

No caso da interpretação em nível do sujeito todos os aspectos do sonho são remetidos ao próprio sonhador ou sonhadora. Segundo Jung:

> Nossas *imagines* (imagens) são partes constitutivas de nossa mente, e quando o nosso sonho reproduz casualmente algumas representações, estas são, antes de tudo, as *nossas* representações, em cuja elaboração está envolvida a totalidade de nosso ser; são fatores subjetivos que, no sonho, se agrupam de tal ou tal modo e exprimem este ou aquele sentido, não por motivos exteriores, mas pelos movimentos mais íntimos e imperceptíveis de nossa alma. Toda elaboração onírica é essencialmente subjetiva e o sonhador funciona, ao mesmo tempo, como cena, ator, ponto, contrarregra, autor, público e crítico. Esta verdade tão singela forma a base dessa concepção do sentido onírico, que designei pelo título de interpretação *em nível do sujeito*. Esta interpretação, como diz o próprio termo, concebe todas as figuras do sonho como traços personificados da personalidade do sonhador[58].

E estas figuras muitas vezes são um tanto enigmáticas e profundas no que tange o seu significado, mesmo quando se trata de pessoas bastante conhecidas "à primeira vista".

---

58. JUNG, Carl Gustav. *Allgemeine Gesichtspunkte*. [s.n.t.], par. 509.

Em geral, analisamos os sonhos investigando primeiramente se fazem sentido em nível do objeto. Em seguida eles são interpretados em nível do sujeito. Quando sonhamos com pessoas desconhecidas para nós tendemos a interpretá-las enquanto representantes desconhecidos de nossa própria psique, como algo ainda alheio a nós.

Considerar as imagens em nível do sujeito também envolve amplas consequências em um sentido mais filosófico: segundo essa visão a pessoa é responsável por tudo, não pode mais acusar os outros; deveríamos exigir de nós mesmos o que exigimos dos outros. Precisaríamos começar sempre por nós mesmos. Por isso não deveríamos exagerar com a interpretação em nível do sujeito, pois às vezes os sonhos também lidam com feridas reais e concretas que sofremos em função de outras pessoas. Feridas estas diante das quais podemos evidentemente reagir através de um cuidado com nós mesmos. Porém, mesmo quando todos os outros também são nós mesmos, pois é isso que diz a interpretação em nível do sujeito em última instância, existe também o caráter real das relações, os conflitos concretos com os quais precisamos lidar e para os quais precisamos encontrar uma solução.

Nível do objeto ou nível do sujeito? – Exemplo de um sonho

O sonho de um homem de 23 anos:

> Canto maravilhosamente bem durante o sonho. Estou entregue e muito orgulhoso de mim mesmo. Então de repente alguém corta o meu barato [desligam o microfone]: meu professor de canto. Fico enfurecido, gostaria de enforcá-lo, mas ele não está lá.

> Acordo ainda bastante indignado: por que esse cara precisa acabar com a minha alegria? Como entrou no meu sonho? O que faz aí?

Não é raro fazermos esse tipo de perguntas a nós mesmos. De início o sonhador fala com indignação sobre o seu professor de canto, que até então idealizava. Agora, de repente, tem a ideia de que o professor de canto sente inveja de sua juventude, de seu talento e que estaria rivalizando com ele. O sonhador compreende o sonho em nível do objeto. Ele o transfere de modo acrítico.

Peço para o sonhador que se coloque na situação do sonho de modo imaginativo. Ele tem facilidade para isso, diz que cantou tal como um deus – que na realidade não sabe fazê-lo tão bem, mas o sonho quis encorajá-lo: um dia cantará tão bem como no sonho, mas este seria o fim do trabalho em conjunto com o professor de canto, pois este não suportaria tal fato.

Na aula de canto não se canta com o microfone. Será que o sonhador faz alguma ideia em que situação o professor de canto decidiria desativar o microfone? O sonhador fica pensativo: "Trata-se de uma encenação – com o microfone também as pessoas que não têm voz podem cantar. Na realidade desprezo isso – é exagerado, insolente. Mas neste caso estou sendo um pouco insolente sim. Pode ser que o professor de canto esteja indicando isso no sonho". Quem sabe não é tão invejoso assim? O sonhador pondera que isso poderia ter sido uma projeção. Diz de modo pensativo que seu professor o critica frequentemente, que seria dramático demais e que até agora sempre acreditou que o professor era simplesmente invejoso. Mas quem sabe este quer apenas que o canto soe "verdadeiro".

Quando considerado em nível do sujeito, o sonho ilustra um conflito entre um aspecto um pouco grandioso, vaidoso do sonhador – isto é, o cantor que canta para outras pessoas – e uma parte da personalidade mais rígida que apesar de se dedicar ao canto e à expressão dos sentimentos, talvez se encontre mais preocupada

Sonhos

em cantar de modo autêntico. Causar impressão ou o esforço de expressar os sentimentos de modo autêntico, eis a questão.

E evidentemente poderíamos continuar questionando-nos se o alvo é o canto enquanto canto ou também a poesia, quer dizer, não apenas o como, e sim, também o quê, isto é, o conteúdo. Mesmo que em um primeiro momento seja um tanto sedutor considerar o sonho em nível do objeto, e as pessoas evidentemente o farão quando sonharem com alguém a quem associam emoções fortes – o nível do sujeito é igualmente relevante e envolve novas ligações.

Complexos são padrões relacionais

Os complexos tornam-se visíveis através dos símbolos. A seguinte definição sobre a formação dos complexos adquiriu grande importância nos últimos vinte anos e abriu algumas novas perspectivas em relação à forma de lidar com os complexos.

Jung fala sobre a formação dos complexos durante uma palestra em 1928:

> Parece que o complexo deriva do confronto entre uma exigência de adaptação e a natureza especial e, perante a exigência em questão, imprópria do indivíduo[59].

Através dessa definição o aspecto relacional é deslocado para o centro da questão da formação do complexo. O aspecto relacional tornou-se, também na teoria junguiana, cada vez mais importante.

Após essa definição abstrata, Jung fala sobre o complexo parental como a primeira manifestação "do confronto entre a realidade e a natureza neste sentido imprópria do indivíduo"[60]. Parece que a exigência de adaptação parte, por via de regra, sempre de

---

59. JUNG, Carl Gustav. *Psychologische Typologie*. [s.n.t.], 1971, par. 926.
60. Ibid., par. 927.

pessoas, o que significa que em nossos complexos encontram-se representadas camadas relacionais de ordem estrutural e emocional, de nossa infância e de nossa vida posterior. Enquanto a pessoa estiver viva os complexos podem se formar. Porém, a maioria dos complexos, também aqueles que se desenvolvem mais tarde, se liga a complexos anteriores. Por isso, segundo essa visão duas pessoas se encontram uma diante da outra e se esbarram: uma criança e uma pessoa com a qual se estabelece um vínculo. Denomino o mesmo de os dois polos do complexo.

É fascinante o fato de que, quase 100 anos após Jung ter descoberto os complexos, um pesquisador apresentar e descrever uma fantasia semelhante. Trata-se dos RIGs. O conceito dos complexos apresenta grande semelhança com o conceito das "representações generalizadas de interação", os assim chamados RIGs (Representations of Interactions that have been Generalized) de Daniel Stern[61]. Nesse caso, Stern parte da "memória de episódios", que Tulving[62] descreveu como recordação de vivencias e experiências reais. Esses episódios recordados podem se referir a acontecimentos cotidianos banais, como tomar o desjejum, mas também a acontecimentos emocionais fundamentais como por exemplo a nossa reação diante da notícia do nascimento de uma criança ou algo semelhante. Na memória de episódios ações, emoções, percepções etc. são recordadas a partir de uma unidade indivisível, onde podemos evidentemente focalizar aspectos isolados, como por exemplo as emoções. Quando, portanto, episódios correspondentes se apresentam repetidamente – por exemplo o peito, o leite, o cheiro, a satisfação – esses episódios são generalizados, quer dizer, a criança espera que este episódio se manifeste da mesma

---

61. Cf. STERN, Daniel N. *Die Lebenserfahrung des Säuglings*. Stuttgart: Klett/Cotta, Stuttgart, 1992, p. 143ss.

62. Cf. TULVING, Endel. Episodic and Sematic Memory. Op. cit., p. 381-403.

Sonhos

maneira também no futuro. Esse episódio generalizado não é mais uma recordação específica, mas "contém variadas recordações específicas. [...] Apresenta uma estrutura a respeito do decurso provável, estrutura essa que se baseia em expectativas medianas"[63]. Desse modo, evidentemente, são despertadas também expectativas passíveis de não serem atendidas. Segundo Stern, esses RIGs se formam a partir de todas interações, constituem as unidades básicas da representação do si-mesmo nuclear e transmitem para o bebê o sentimento de possuir um si-mesmo nuclear coeso, quer dizer, formam a base da experiência de identidade.

Podemos estabelecer uma relação entre o conceito de RIGs e o conceito dos complexos, principalmente quando pensamos na descrição de Jung de que três componentes – a sensação, o componente intelectual e a tonalidade afetiva – podem ser experimentados como uma unidade pela consciência[64].

Esta teoria sobre a memória de episódios seria uma forma de explicitar como os complexos são armazenados enquanto representações na memória; desse modo também se explica o fato de os complexos serem constelados, quer dizer, ativados em determinadas situações que se assemelham a esses episódios marcantes, mas que também podem ser evocados através de sensações relacionadas a esses episódios ou a emoções que lembram os episódios marcantes.

Implicações terapêuticas

Quando consideramos o conceito dos RIGs isso exerce uma influência sobre o trabalho terapêutico com as constelações-do-complexo.

---

63. STERN, Daniel N. *Die Lebenserfahrung des Säuglings*. Op. cit., p. 142.
64. JUNG, Carl Gustav. *Über die Psychologie der Dementia Praecox*. Op. cit., par. 79-80.

É importante compreendermos a função dos símbolos, especialmente das interações simbólicas dentro da teoria junguiana dos complexos: os símbolos representam os complexos. Isso significa que tentamos imaginar o complexo enquanto episódio, através dos sentidos, de todos os canais da percepção e da emoção associada ao mesmo. O complexo se constela nas situações que experimentamos como situações-chave para a compreensão de nossa vida e nossa personalidade: durante episódios típicos de conflitos relacionais, que podem se revelar no dia a dia ou na situação terapêutica, mas também durante os sonhos e a imaginação. São principalmente os dois polos do complexo que podem ser vivenciados e experimentados; um dos polos, o polo do adulto, na maioria das vezes se encontra projetado.

Devido ao fato de essas situações-chave, de esses episódios serem relatados de modo bastante vivo, podemos tirar algumas conclusões sobre a vivência da criança, algo que nos ajuda a nos colocarmos no lugar desta e compreendermos as dificuldades e os sofrimentos presentes na situação determinante, mas também sobre a vivência e o comportamento da pessoa à qual a criança se encontrava vinculada na situação determinante. Enquanto adultos identificamo-nos igualmente com esta pessoa[65], exercendo evidentemente também o seu papel, pelo menos nas situações onde o complexo se encontra constelado. Tornar-se consciente dessa identificação e se responsabilizar por ela é especialmente árduo; constitui, entretanto, a condição necessária para que o comportamento-do-complexo, e deste modo também os complexos, possam ser modificados. A partir dessas situações-chave é igualmente possível tirarmos conclusões sobre a forma de interação no âmbito dos

---

65. Cf. KAST, Verena. *Die Dynamik der Symbole*. Op. cit., p. 196ss.

Sonhos 103

complexos, incluindo os sentimentos ambivalentes envolvidos. Quando somos capazes de perceber e experimentar através das representações simbólicas os confrontos que determinaram o complexo, cada vez mais episódios que levaram à formação-do-complexo e à transferência do comportamento-do-complexo para outras pessoas, além daquelas com as quais se estabeleceu o vínculo original, serão lembrados e associados.

Sendo assim, a temática da associação, da interconexão, continua exercendo um papel importante. Porém, atualmente a sua importância não se refere tanto ao âmbito inicial das pesquisas de Jung, isto é, ao experimento de associação. Refere-se mais ao trabalho com os complexos no sentido de considerarmos as associações, conexões e projeções no âmbito das narrações, dos relatos e da imaginação. As situações-chave são compartilhadas com outras pessoas através de uma narração especialmente viva. A narração e a escuta formam uma unidade e quanto melhor se escuta melhor se narra. Quando narramos nos encontramos no mundo da imaginação, no mundo das fantasias, em um âmbito psíquico onde o mundo externo e interno se encontram, em um espaço de transição compartilhado, um espaço onde pode ocorrer a transformação de imagens e a sua transposição para a linguagem.

Durante o trabalho com os complexos é essencial os símbolos, que representam os complexos, abrigarem um potencial energético que se expressa através das fantasias conectadas aos mesmos. Os complexos são vistos como algo que limita a pessoa, pois fazem a pessoa responder sempre da mesma forma estereotipada nas diversas situações que na realidade demandam uma resposta diferenciada do indivíduo. Os complexos, porém, também contêm germes de novas possibilidades de vida, são as "unidades vivas da psique inconsciente"[66]. Esses germes se manifestam igualmente nos símbolos que representam os complexos.

Uma mulher desenha um crocodilo que devora bolas coloridas. Associa este crocodilo com o fato de acabar com a alegria das pessoas com quem convive quando se torna agressiva. O crocodilo encontra-se associado às experiências dolorosas por quais passou em função de seu pai. Este acabou com sua alegria de modo agressivo. A mulher olha para a imagem e diz: "Agora não se sabe exatamente se o crocodilo devora as bolas coloridas ou se as expulsa pela boca". Essas seriam as novas possibilidades de vida: quando se é capaz de acabar com a alegria, pode-se igualmente contribuir para a alegria no mundo, pois a sensibilidade em relação à alegria já existe.

Para trabalharmos com os complexos necessitamos dos métodos que trabalham com as fantasias: o trabalho com os sonhos, a imaginação, a representação daquilo que foi imaginado através de desenhos, imagens ou narrativas. Além disso, a consideração da transferência e contratransferência é de suma importância para a questão das constelações dos complexos.

As constelações dos complexos também podem ser compreendidas como nós emocionais da vida que provocam e provocaram estranhamento e alienação, que constituem a razão para identificações rígidas, mas que estimularam igualmente determinadas capacidades e abrigam um potencial de desenvolvimento que se manifesta nas fantasias desencadeadas por estes nós.

A análise da postura de expectativa que se encontra associada a toda constelação-do-complexo e que não se refere apenas ao aqui

---

66. JUNG, Carl Gustav. *Allgemeines zur Komplextheorie*. Op. cit., par. 210.

Sonhos

e agora da situação analítica, e sim, também à perspectiva em relação ao futuro da própria vida, é no mínimo tão importante quanto a reconstrução da gênese dos episódios relacionais da ordem complexo. Sendo assim uma frase-do-complexo pode destruir o caráter indeterminado do futuro, impedir novas experiências. A frase-do-complexo de uma de minhas analisandas dizia o seguinte: "Não adianta eu me empenhar, nas situações importantes acabo me calando".

Quando regidas pelo complexo, expectativas, desejos e utopias acabam se movimentando apenas pelos trilhos de um passado rígido, isto é, *quando* conseguem se manifestar. Isso, porém, representa a impossibilidade de encontrar a própria vida. Vive-se entre o passado, que pesa, e o futuro, que amedronta.

Geralmente vale o seguinte: Quando os respectivos complexos constelados não se tornam conscientes, estes se encontram projetados. Quando, no entanto, o eu consegue estabelecer um contato com o acontecimento-do-complexo, consegue responsabilizar-se pelo mesmo e sentir empatia consigo próprio nesta situação, então muitas vezes é possível observarmos como são experimentados os símbolos que expressam o complexo. Por vezes também podem surgir reações corporais passíveis de serem transportadas para o âmbito simbólico; pois vivemos as emoções corporalmente, mas elas apontam igualmente para um sentido mais profundo. Quando estes símbolos e as fantasias associadas a eles são vividos e configurados, a energia que se encontra atada ao complexo pode se tornar uma energia que vivifica a pessoa como um todo, que dar origem a novas possibilidades de comportamento.

Os complexos são as pessoas que agem em nossos sonhos

Os complexos também se tornam visíveis e passíveis de serem experimentados durante os sonhos: a partir dos personagens que executam a ação no sonho. Como devemos imaginar tal circunstância?

1) A emoção condutora no sonho indica um complexo.

2) Episódios-do-complexo são representados ou modificados nos sonhos.

3) Os episódios-do-complexo são representados de modo simbólico.

Desejo elucidar esses três aspectos através dos sonhos de uma mulher de 35 anos, nos quais é representado e elaborado um problema relacionado à vergonha.

Um problema relacionado à vergonha – representado e elaborado nos sonhos

Hanna, uma mulher de 35 anos, sofria de uma ampla problemática relacionada à questão da vergonha. Sempre que se expunha um pouco era imediatamente ridicularizada. Em decorrência disso, ela se manifestava pouco, falava pouco sobre os seus desejos e intenções, raramente expunha as suas ideias, era muito retraída e acreditava que vivia à margem da vida. Além disso, frequentemente a julgavam uma pessoa "sem graça". Agradável, porém sem graça. Sentia igualmente vergonha por causa dessa "categorização". A origem dessa "tendência para a vergonha" era evidente para ela. Recordou-se de alguns episódios-do-complexo. O exemplo a seguir representa vários deles:

> Havia recebido um vestido novo. Vermelho. Era a minha cor preferida. Foi pouco antes de eu ser matriculada na escola. Fiquei muito feliz, na maior parte das vezes tinha que usar vestidos de meninas mais velhas da família. Enfim eu tinha um vestido do jeito que havia desejado. O vestido tinha o formato de sino, girei em torno de mim mesma, algumas vezes – assim o vestido

> ficava mais bonito ainda. A família inteira me observava e
> ria, não de modo benevolente, e sim, com desdém. E al-
> guém disse, pode ter sido o pai, mas também a mãe ou
> uma das irmãs: "Essa daí é muito metida". Me senti ridi-
> cularizada e envergonhada. Fui para o meu quarto onde
> permaneci durante muito tempo sozinha e infeliz.

Ninguém de sua família, foi o que Hanna lembrou, ficou do lado da pequena menina e se alegrou junto dela. Pelo visto a família não suportava a alegria da criança. Hanna naturalmente refletiu sobre o porquê de a família se prontificar tão rapidamente para ridicularizar alguém. Ela mesma não se excluía disso. "Era o estilo da família, ainda hoje é o estilo da família! Quando não se é a vitima que está sendo ridicularizada, há um sentimento de superioridade."

Dominar ridicularizando – demonstrar através do ato de ridicularizar que é possível decidir o que é ridículo e o que não é. Para não ser exposto ao ridículo, Hanna se fechou cada vez mais, tanto, que deixou de se sentir viva, algo especialmente problemático nos relacionamentos: não ousava mostrar-se verdadeiramente. Apaixonou-se repetidamente, havia "um clima", mas os relacionamentos não se estendiam para além de uma fascinação inicial.

A seguir um sonho de Hanna para ilustrar o aspecto número 1: *A emoção condutora no sonho indica um complexo.*

> Encontro-me no restaurante Linde (tília) com outras
> pessoas. É o ponto de encontro para um passeio que
> devemos organizar para um grupo de pessoas com ca-
> deiras de rodas. O restaurante Linde está muito decaí-
> do, não o conheço assim. Porém, a maioria daqueles
> que se reúnem aqui é decadente. Pergunto-me se esta-
> mos na guerra ou se todos nós estamos desemprega-
> dos. Sinto-me muito desconfortável. Também eu uso
> roupas muito gastas – até então não havia reparado
> nisso. O melhor que temos a fazer é desaparecermos

dentro do restaurante. Se não vão acabar pedindo os nossos documentos.

Hanna disse o seguinte a respeito desse sonho: "Acordei com um sentimento de medo. Senti-me desconfortável no sonho, senti medo, mas também fiquei envergonhada. Por isso tive a ideia de fazer essas pessoas desaparecerem o mais rápido possível". O resto diurno: "Falaram-nos na agência que devemos pesquisar passeios que também fossem viáveis para pessoas com cadeiras de roda. Ontem eu disse que gostaria de cuidar desse projeto. E isso é verdade".

Hanna conhece o restaurante "Linde" de sua infância e juventude. Era, assim como no sonho, um lugar onde as pessoas se encontravam. "Mas, na realidade", observa Hanna, "associo a tília enquanto árvore com a primavera, quer dizer, com uma certa elegância feminina..." Ela se afastou rapidamente dessas associações. Agora a sonhadora se recordou da "decadência", do aspecto sórdido conforme ela disse logo em seguida. Simplesmente tudo tinha esse aspecto. No sonho a decadência é associada à guerra ou a perda de trabalho. Estes, disse a sonhadora, seriam os seus maiores medos. Mas, pensando bem, não havia indícios de guerra no sonho e todos pareciam ter algum tipo de trabalho.

O aspecto sórdido é associado a grandes catástrofes. É melhor desaparecer antes de ser obrigado a se apresentar como "pessoa sórdida" e, quem sabe, ainda podem reconhecê-la a partir dessa identidade. "É este o meu sentimento de vergonha. Será que o sonho deseja me dizer que me percebo como alguém 'decadente' quando sinto vergonha? Mas eu não sou assim. Não o veria dessa forma. Alguém pode estar malvestido sem que precise imediatamente ser desqualificado como alguém 'decadente'! Passou a se irritar cada vez mais. Agora o assunto não era mais a vergonha, e sim, a indignação, a raiva".

Mas por que esse sonho surge agora? O que deseja? Hanna contou que, no dia anterior ao sonho, ela se declarou disposta para apoiar o projeto para passeios com pessoas com cadeiras de roda. Ter-se-ia adiantado oferecendo-se antes de outra pessoa mostrar semelhante interesse. Quando a questionei a respeito disso, assumiu que evidentemente outras funcionárias também podiam ter manifestado interesse e nesse caso o assunto seria discutido, mas ninguém se manifestou! Ela não se sentiu nenhum pouco envergonhada, apenas à noite achou que foi um pouco ousada, porém não sórdida.

Esse sonho transporta a emoção-do-complexo, isto é, "a vergonha" para um contexto que está relacionado a experiências pelas quais Hanna passou no dia anterior. Revela o quanto ela se desvaloriza (se julga decadente) e também o meio circundante quando está envergonhada e que percebe essa desvalorização como consequência de uma grande catástrofe (guerra, perda do trabalho).

O essencial do sonho e da discussão sobre ele é o fato de a proximidade entre a vergonha e o medo se tornar mais evidente; a sonhadora, porém, se torna cada vez mais indignada, aborrecida e furiosa. Essas são as emoções que se contrapõem à vergonha. Quem sabe a Linde (a tília) não representa apenas o ponto de encontro, e sim, constitui um símbolo que fala por si, isto é, que indica a ideia de um movimento em direção a mais elegância.

O sonho, a narração do sonho, a discussão do sonho fazem com que a sonhadora mantenha vivo o seu interesse pelo projeto, mesmo que outros se candidatem para o mesmo. Ela reúne argumentos a favor de sua aptidão para o projeto. Alegra-se com o novo e com o fato de não ter abonado a si mesma.

Um segundo sonho de Hanna prova o aspecto número 2: *Episódios-do-complexo são representados ou modificados nos sonhos.*

> Uma mulher estaciona um carro belo e esportivo em frente à casa dos pais. O pai sai e proíbe a mulher a estacionar o carro dela neste local. A mulher não diz nada, mas quer partir novamente com o automóvel. Isso, entretanto, é impossível. O carro "geme" tal como soa um carro quando tentamos arrancar e a bateria está esgotada. A mulher tenta arrancar algumas vezes. Fica cada vez mais nervosa. Meu pai se aproxima com um sorriso irônico e pergunta de modo presunçoso: "A senhora deve está sem gasolina, não é?" E continua: "Belo carro, mas sem dinheiro para bancá-lo?" Aqui o sonho se perde um pouco. Vejo em seguida que um cachorro está latindo para o meu pai.

Nesse sonho Hanna era apenas uma espectadora. Não sabia dizer onde se encontrava. "Meu pai é assim mesmo. Senti um pouco de pena da mulher. Mas acredito que ela sabia se defender. O cachorro no final me encheu de satisfação maliciosa."

Para a sonhadora o carro era mais importante do que a mulher que o dirigia. "Este é um carro que eu adoraria dirigir: elegante, esportivo, não é exageradamente ostentoso, nem mais caro do que aquele que dirijo no momento e, mesmo assim, é potente." Por que ela não dirige um carro assim? "Talvez eu possa logo dirigir um carro assim. Porém, no momento, ainda tenho medo de que meu pai – ou alguma outra pessoa – possa reagir de forma maliciosa".

O sonho revela um episódio-do-complexo: por um lado uma mulher com um "carro elegante e esportivo" que a sonhadora gostaria de dirigir – é assim que deseja se mostrar para o mundo. Por outro, o pai que proíbe à mulher de estacionar em frente a sua casa e que a ridiculariza emanando uma satisfação maliciosa. Esse fato corresponde, através de outras imagens, à experiência de Hanna de ser ridicularizada quando se encantou com seu vestido novo.

Ela está envergonhada, o pai é malicioso e reage através de uma satisfação maliciosa.

Mas, na verdade, o carro está com algum defeito. Sendo assim, precisa parar em um primeiro momento na frente da casa do pai. Talvez a bateria esteja esgotada – talvez a sonhadora esteja cansada, esgotada, sem energias para prosseguir. O que, entretanto, me parece importante é o fato de o carro e o pai precisarem se entender temporariamente.

E o cachorro? "Provavelmente saiu do carro da mulher. Ele a defende. Late para o meu pai. Ele sempre tinha medo de cachorros, mas jamais assumiu. Quando algum de nós tinha medo de um cachorro, ele sempre sorria com desdém e dizia: "Como são covardes, sentem até medo de cachorros!"

Este sonho também trabalha com a temática da vergonha, mas a coloca em um contexto totalmente diverso. A sonhadora se mostra ao pai da forma como gostaria de ser vista – o pai não aceita tal fato – e durante algum tempo ela permanece "sem bateria", quer dizer, paralisada. Existe, porém, uma reação defensiva que aparece na figura de um cachorro que defende a mulher – um lado dela que lhe presta auxílio. A emoção da vergonha se modifica, se torna menos torturante.

Peço para que ela represente o sonho através da imaginação e, se possível, continue o sonho durante a imaginação: "Vejo uma mulher da minha idade. O carro é fantástico, esportivo, vermelho e potente. Gosto da mulher, ela é um pouco como o carro. Quando estou bem, posso ser assim. Potente, elegante. O pai, meu pai, é bem mais jovem do que na realidade – sua idade é indefinida –; ele se comporta como sempre. Isso sempre me limitou. Não sinto vergonha durante o sonho. Não sinto vergonha. O cachorro late, é agressivo". Ri baixinho: "o pai está com medo".

Será que ela consegue se colocar no lugar do pai? "Acho difícil, ele sente uma satisfação maliciosa, eu sinto uma satisfação maliciosa".

Consideraremos o sonho em nível do sujeito: a mulher com o carro esportivo, assim como o pai, representam aspectos da personalidade da sonhadora. Ela pode se comportar assim como a mulher no sonho – ela se identifica conscientemente com este fato – e o pai também se comportaria na realidade do modo que se comporta no sonho. Para que o episódio-do-complexo possa se modificar, Hanna precisa perceber que também pode estar identificada com o pai de seu sonho. Quando isso ocorre, isto é, quando se identifica com o polo paterno de seu complexo, ela mesma se torna presunçosa, maliciosa e moralizante consigo mesma. Mas ela também pode assumir a postura do pai na convivência com outras pessoas, quer dizer, expondo ou ridicularizando os outros. Ainda assim consegue soltar o cachorro em cima do pai durante o sonho, deixando claro que o pai tem medo, que deve estar se comportando de forma tão maliciosa e presunçosa em função desse medo.

Agora em relação ao terceiro aspecto: *Os episódios-do-complexo são representados de modo simbólico.* Hanna sonha:

> Um cisne adulto empurra um cisne jovem para debaixo da água. O cisne jovem escapa e emerge da água em outro lugar. O sonho se repete algumas vezes – é como se os dois tivessem participando desse mesmo jogo.

Ela elucida: "No sonho senti repetidamente medo pelo cisne jovem – ele ainda possuía a penugem marrom –; por isso, eu sabia que era jovem, mas alguma hora aprendi que tudo isso não era assim tão perigoso. Nessa hora, senti um pouco de compaixão com o cisne velho, apesar de considerar inviável seu comportamento de querer dominar o cisne jovem". Então não era um jogo? "Não, não era um jogo descontraído, parecia mais uma luta."

Interessei-me pelo aspecto da transformação: O que ocorre para o cisne jovem se colocar sempre ao alcance do cisne velho? Não há indícios para tal no sonho. O sonho simplesmente recomeça repetidamente.

A sonhadora se vê como o cisne jovem, o cisne velho ela associa à mãe. Por quê?

"Simplesmente é assim." Pois, segundo Hanna, ela sempre procura relacionar-se com a mãe, mas esta "sempre a empurra para longe". Quando e como Hanna experimenta tal fato? "Minha mãe sempre me diz que me comporto tal como uma adolescente, que não enxergo a situação dela. Simplesmente não permite mais que eu seja criança." Quando seguimos essa compreensão do sonho, percebemos que o cisne acaba sempre se colocando na mesma situação, provocando o mesmo comportamento. O que o cisne jovem deseja? Deseja que a mãe nade orgulhosamente na frente dele e permita que o cisne jovem a siga nadando ou voando. O que isso significaria na vida real? "Quero que minha mãe se orgulhe de mim e permita que eu fique com ela."

Por que o sonho usa o símbolo do cisne? Hanna percebe o cisne como "um pássaro belo, um pássaro muito belo e de algum modo orgulhoso. O cisne orgulhoso. A mãe e eu, então nós duas seríamos cisnes orgulhosos, não passaríamos despercebidas enquanto tal". Esta é a associação pessoal da sonhadora. Mas os cisnes também têm um significado coletivo. Acabam sempre ressurgindo na história da cultura com a finalidade de expressar situações humanas bem específicas que se encontram associadas principalmente ao anseio desejoso. O cisne fascina: existem diversos contos de fada nos quais o herói presencia cisnes se transformando em virgens. Apaixona-se e rouba a plumagem da virgem-cisne. Casa com ela, mas em algum momento ela reencontra a plumagem escondida e vai embora. O cisne representa um ser ligado à transformação: normalmente nada, mas também pode se movimentar na terra e voar. Tanto a deusa Afrodite, como a deusa Ártemis são acompanhadas por cisnes, quer dizer tanto a deusa do amor como a deusa que vagueia livremente pela natureza.

O cisne também é sagrado para Apolo e Orfeu. Nesse caso, porém, podemos abrir mão desse aspecto. A sonhadora se identifica com o jovem cisne, a sua mãe ela associa ao cisne adulto – uma autoimagem feminina e orgulhosa, que, entretanto, ainda se encontra no nível do animal. Por que do animal? A ideia de que as duas poderiam ser pássaros muito belos, mulheres sedutoras impossíveis de passarem despercebidas, poderia causar um excesso de contestação por parte da paciente. Provavelmente ainda não seria capaz de unir o mesmo com sua própria autoimagem, mas também não com a imagem que faz de sua mãe. À medida que vai se aproximando lentamente dessa imagem, consegue permitir uma razoável multiplicidade de significados: "Posso tecer diversas fantasias a respeito dos cisnes". E é o que ela deve fazer. Quando os aspectos do sonhador ou da sonhadora são representados na forma de animais, estes ainda se encontram muito pouco conscientes. Já há um leve pressentimento, também no nível corporal. E é exatamente este o efeito do símbolo: algo se torna lentamente consciente, tão lentamente que é possível acostumar-se com o mesmo.

O aspecto-do-complexo do sonho, o fato de ela se aproximar sempre da mãe para, em seguida, ser rejeitada, pode ser trabalhado e desse modo chegamos às conclusões necessárias.

Trago à tona mais uma vez a ideia do jogo: O que significaria caso realmente se tratasse de um jogo? "Nesse caso as duas se confrontariam de modo lúdico, rivalizariam uma com a outra, o cisne jovem simplesmente ainda não estaria totalmente à altura do cisne velho."

Podemos e devemos relacionar este sonho igualmente com a situação terapêutica. Devido ao fato de sua mãe rivalizar tanto com ela, Hanna está convicta de que toda mulher, inclusive eu, rivaliza com ela e a proíbe a se tornar orgulhosa ou uma bela mulher. Simplesmente não consegue imaginar que uma mulher não lute invejosamente com ela. Por outro lado sabe pouco a respeito de uma forma mais lúdica de rivalizar, algo necessário para encontrar a sua própria identidade.

Qual a origem do sonho? Qual o seu destino?

No caso de todos aqueles sonhos onde os complexos ou episódios-do-complexo são inseridos em um novo contexto, assimilados pelo sonho ou nos convidam para uma consideração mais minuciosa e para permitirmos o surgimento de novas emoções, abandonando assim as formas de reagir já gastas pela repetição, torna-se claro que é possível descobrir a origem de cada sonho e o porquê de sonhá-lo. Podemos, entretanto, igualmente rastrear o que cada sonho deseja, para onde aponta o seu desenvolvimento, pois o complexo abriga tanto a recordação, a história relacional como também é responsável pela inibição do desenvolvimento e pela transformação de temáticas essenciais da vida em sofrimentos essenciais, que daqui em diante podem ser vividas apenas sob a égide do complexo[67].

A recordação e a expectativa, ambas presentes no complexo e no símbolo, se revelam na diferenciação entre a interpretação causal e finalista do sonho. O complexo aponta para a condição biográfica do sonho, para as situações que originaram o complexo e que se encontram por trás dos conflitos relacionais atuais. Por ou-

---

67. Cf. KAST, Verena. *Schlüssel zu den Lebensthemen.* Op. cit.

tro lado, o sonho possui igualmente uma função finalista, que se revela na pergunta sobre o que o sonho deseja nesse exato momento, que movimento ou desenvolvimento ele desencadeia. O significado da finalidade do sonho torna-se mais claro no caso da questão da compensação.

2 A segunda teoria onírica: os sonhos compensam a postura consciente

O que significa compensação?

Jung partiu fundamentalmente do pressuposto de que o inconsciente "compensa" a consciência. Desse modo escreveu que já teria chamado atenção "desde 1906 [...] para as relações de compensação existentes entre a consciência e os complexos dissociados [...]. Estas observações apontam para a possibilidade de impulsos inconscientes orientados para um fim"[68]. Jung expressa o que significa esta ideia em termos práticos através da seguinte definição:

> Quanto mais unilateral for a sua atitude consciente e quanto mais ela se afastar das possibilidades vitais ótimas, tanto maior será também a possibilidade de que apareçam sonhos vivos de conteúdos fortemente contrastantes como expressão da autorregulação psicológica do indivíduo [...].

> O sonho faz parte, segundo meu modo de entender, dessas reações oportunas, porque ele proporciona à consciência, em determinadas situações conscientes e sob uma combinação simbólica, o material inconsciente constelado para este fim. Neste material inconsciente encontram-se todas as associações que permanecem inconscientes por causa de sua fraca acentuação, mas

---

68. JUNG, Carl Gustav. *Allgemeine Gesichtspunkte*. Op. cit., par. 488.

que possuem suficiente energia para se manifestarem durante o sono[69].

Ao falar da consciência, Jung se refere aqui a determinadas posturas vivenciadas por nós, pontos de vista, valores, convicções das quais poderíamos ter consciência, já que se trata de padrões cunhados pelo hábito, mas que, em geral, se encontram um tanto inconscientes[70]. Jung parte do pressuposto de que os seres humanos costumam tornar-se sempre "unilaterais". Por quê? Por um lado por nos desviarmos das temáticas essenciais de nossa vida, por dissociarmos e recalcarmos essas questões que são desagradáveis para nós. Por outro lado, porque estamos sempre nos desenvolvendo, mas mesmo assim permanecemos presos ao antigo, pois assim é bem mais cômodo. Mas há também outro ponto importante: Socialmente somos determinados pelo que chamamos de "espírito do tempo" (*Zeitgeist*). Esse estilo de vida pode estar em oposição às necessidades de nossa psique. Quando o materialismo constitui o centro do "espírito do tempo" devemos supor, seguindo a hipótese da compensação, que as pessoas terão mais necessidades espirituais e que estas se revelarão nos sonhos. Podemos perceber algo semelhante nos grandes agrupamentos atuais, não tanto nos sonhos, mas na atração exercida pelos agrupamentos espirituais.

Quando as pessoas se tornam excessivamente unilaterais, esta unilateralidade é compensada, entre outras coisas, através dos sonhos. Jung, entretanto, indica que a teoria da compensação não

---

69. Ibid.

70. Em que consiste a consciência não está claro de modo algum. Atualmente a definimos, por exemplo, como a capacidade de percebermos as nossas sensações, percepções e sentimentos.

Sonhos

constitui a única teoria válida para os sonhos e que não "explica plenamente todos os fenômenos da vida onírica"[71].

No caso da ideia da compensação, trata-se igualmente da autorregulação da psique: o sonho confronta o sonhador ou a sonhadora com aspectos negligenciados da própria personalidade, que, entretanto, precisam ser vistos ou também vividos para que haja um bom equilíbrio. *Compensare* é traduzido por "compensar", mas também por "substituir". A teoria da compensação encontra-se igualmente relacionada com os complexos, pois são principalmente eles que causam a unilateralidade.

O sonho cria um contrapeso para uma visão estreita das coisas, para uma visão estreita da vida. Devido ao fato de nos concentrarmos tanto em certas coisas, outras questões permanecem em segundo plano, são apagadas e os sonhos lançam novamente luz sobre esses aspectos. O sonho expressa emoções e temáticas com as quais devemos estabelecer contato para que a vida se torne mais colorida e portadora de sentido. As representações simbólicas não devem ser compreendidas a partir de uma interpretação estreita, ao invés disso devem ser, assim como todos os outros símbolos, entrelaçadas com a vida do sonhador ou da sonhadora, interligadas com outros sonhos considerando principalmente a fantasia: a imaginação, as configurações criativas devem nos conduzir em direção a uma visão mais clara do caminho e da ideia em questão.

Atualmente a teoria da compensação é igualmente investigada de modo empírico. A questão é se a relação entre consciente e inconsciente corresponde mais a uma continuidade ou a uma compensação. A hipótese da continuidade afirma que os sonhos representam a realidade da vida do sonhador ou da sonhadora de modo simbólico, que a função dos sonhos consiste, de modo se-

---

71. JUNG, Carl Gustav. *Allgemeine Gesichtspunkte*. Op. cit., par. 491.

melhante ao do caso da ligação entre sonho e complexo, em processar experiências difíceis. A teoria da compensação indicaria que no sonho são consteladas novas temáticas que, em última instância, servem ao desenvolvimento do indivíduo. Schredl[72] sugere que a hipótese da continuidade merece maior atenção, mas que a hipótese da compensação também tem a sua razão de ser.

Para investigarmos a hipótese da compensação verdadeiramente, deveríamos concebê-la de modo muito mais claro. Em geral não é fácil determinar o que se deve compreender por "atitude consciente" ou "situação consciente dada". Quando se trata de pessoas em situações de crise a "situação consciente dada" é bem mais clara e a compensação é mais passível a ser observada. Naturalmente existem sonhos que podem imediatamente ser compreendidos como "compensatórios" pelo sonhador e também por aqueles que não se encontram diretamente envolvidos com o sonho. A seguir um exemplo. Uma mulher de 41 anos perdeu o seu cônjuge. Ela relata o seguinte sonho:

> Fui dormir muito triste, não adormeci durante um longo tempo. Mas alguma hora, de manhã, consegui dormir por um longo tempo, algo impossível nos últimos dias. Tive um sonho curto: Estou no meu jardim. Há muitas árvores em flor. São cerejeiras. Estou admirada, pois não tenho tantas árvores assim. Estão floridas. Meu cachorro brinca com algo, está vivaz, alegre. Estou feliz.

> Quando acordei me lembrei imediatamente que Heinz (o seu cônjuge) jamais voltará. Mesmo assim me senti diferente. De um lado a dor, do outro as cerejeiras que não possuo na realidade. Quem sabe a primavera pode chegar.

---

72. SCHREDL, Michael. *Die nächtliche Traumwelt* – Eine Einführung in die psychologische Traumforschung. Stuttgart: Kohlhammer, 1999, p. 15s.

Esse sonho pode ser compreendido como um sonho compen-satório no sentido de estar compensando a tristeza da sonhadora, de se opor ao desespero através de uma imagem de esperança. O sonho conecta a sonhadora com os recursos dela, o fato de ela ter dormido melhor pode ser uma consequência mais imediata.

Por que a compensação é tão interessante assim?

O fato de os sonhos processarem as nossas experiências difí-ceis já é significativo. A ideia da compensação, porém, envolve uma segunda expectativa: desejamos viver algo novo, excitante e estimulante durante o sonho. Esperamos, por exemplo, que o nos-so mal-estar seja compensado através do sonho. O sonho é visto como recurso, mas igualmente como impulso para o desenvolvi-mento. Mas isso não é tão simples como parece. Quem, por exem-plo, sofre de uma depressão crônica raramente tem sonhos mais animadores. Strauch e Meier[73] referem-se aos relatos oníricos, ra-ramente lembrados, de pessoas depressivas. Estes sonhos tendem a apresentar fragmentos de um ânimo mais negativo. Schredl apre-senta pesquisas que evidenciam que há uma relação entre a de-pressão e os sentimentos oníricos negativos. O tema da morte ten-de a aparecer com mais frequência do que no caso de pessoas não depressivas[74]. Isso pode igualmente ser constatado durante a tera-pia com pessoas depressivas.

A compensação parece funcionar apenas no caso de uma cer-ta coerência do complexo do eu. Em outras palavras: no caso de

---

73. STRAUCH, Inge & MEIER, Barbara. *Den Träumen auf der Spur* – Ergebnis-se der experimentellen Traumforschung. Berna: Hans Buber, 1992, p. 190.
74. Cf. SCHREDL, Michael. *Die nächtliche Traumwelt.* Op. cit., p. 113s.

uma função egoica suficientemente estruturada[75]. Mesmo assim, sonhos cujas emoções terão um efeito claramente compensatório aparecerão em determinados momentos também no caso de pessoas vítimas de uma depressão. Desse modo, um homem de 46 anos teve o seguinte sonho:

> Estou diante de um lago, talvez uma pequena lagoa e olho para a água. É uma água um pouco cinza com poucos contornos. De repente a água passa a se enrugar bem de leve – deve ter sido uma brisa de ar que passou. A água enrugada me alegra um pouco[76].

O sonhador parecia comovido ao relatar este sonho. Quando acordou o seu sentimento diante da vida estava diferente do que nas semanas anteriores. Ele se sentia como se tivesse "renascido". Fazia semanas que se sentia determinado por um sentimento diante da vida que lhe dizia que nada em sua vida se movimentava, que tudo estava cinza, que nada jamais melhoraria. Este sonho – o primeiro após muitas semanas do qual foi capaz de lembrar-se – dá-lhe esperança para um recomeço. A água começa a se enrugar, o seu sentimento diante da vida adquire movimento, uma brisa que vem de um lugar qualquer promete uma nova dinâmica. O sonho marca a passagem de uma época de grande desânimo para uma época onde este homem se sente subitamente vivificado. Em seguida foi capaz de perceber novamente o mundo a partir de seus aspectos vivos. O relato do sonho, a sua vivência, mas também o efeito que o relato do sonho exerceu sobre mim, deixaram claro que um grande valor fora readquirido. Talvez em um primeiro momento "apenas" a esperança.

---

75. Vide passagem sobre sonhos de baixa estrutura.

76. KAST, Verena. Lufträume. In: RIEDEL, Ingrid (org.). *Die vier Elemente im Traum*. Solothurn: Walter Verlag, 1993, p. 27.

Sonhos

Sonhos de sombra

Seria um engano pensarmos que os sonhos que compensam a atitude consciente são apenas aqueles que melhoram o nosso ânimo ou que retratam aspectos maravilhosos de nosso si-mesmo ainda inconsciente. Também os sonhos que nos aproximam de nossa sombra muitas vezes são sonhos compensatórios.

Na psicologia junguiana compreendemos por sombra aqueles aspectos de nossa personalidade que não estão de acordo com a nossa autoimagem um pouco idealizada[77]. Naturalmente esses sonhos não nos satisfazem, mas essa também pode ser uma forma de compensação.

> Um homem muito orgulhoso por levar uma vida moralmente impecável, e que sabia exatamente o que isso deveria significar, volta e meia sonhava com um certo Senhor Sujeira. O sonhador não conhecia nenhum Senhor Sujeira. Enquanto figura onírica o Senhor Sujeira "nem era muito desagradável, talvez um pouco simplório demais". Esses sonhos não apresentavam nenhuma ação específica, parecia que o sonho era interrompido assim que o Senhor Sujeira aparecia. O sonhador falava sobre o seu aborrecimento, aborrecia-se basicamente porque nenhuma ação onírica mais palpável se dava em seu sonho.

O fato de o Senhor Sujeira ter um nome um tanto significativo permaneceu despercebido para o sonhador durante um longo tempo. Quando se deu conta ficou indignado: ele teria um lado assim, "sujo"? O sonho o levou a olhar para os seus "recantos sujos" que ele possuía assim como todas as outras pessoas. Em um primeiro momento isso gerou uma postura mais generosa, passou a

---

77. Cf. KAST, Verena. *Der Schatten in uns* – Die subversive Lebenskraft. Zurique/Düsseldorf: Walter Verlag, 1998.

julgar menos as pessoas quando as achava "horríveis", quando estas se comportavam, a seu ver, de forma sombria.

Finalidade: O que quer o sonho?

A ideia de Jung de que "o significado do inconsciente para a atividade geral da psique talvez seja tão grande quanto o da consciência"[78] está ligada à teoria da compensação. Não é apenas a consciência que orienta ativamente, o inconsciente pode igualmente assumir uma "direção orientada para uma finalidade"[79]. Atualmente essa ideia é sustentada por diversas pesquisas neurocientíficas. Gerhard Roth representa a concepção de que "a consciência e o inconsciente são sistemas distintos, tanto em termos de anatomia cerebral como funcional"[80]. Apenas o córtex associativo é passível de consciência; entretanto, trabalha apenas quando um "acontecimento ou uma tarefa são avaliados como novos e importantes"[81]. Para esta avaliação, porém, é preciso um sistema – inconsciente ou pré-consciente – que seja ao menos apto para classificar as experiências a partir das categorias "importante *versus* não importante, conhecido *versus* não conhecido"[82]. "Sem o desenvolvimento dos sistemas neuromoduladores, dos centros límbicos e principalmente da formação do hipocampo, que, por sua vez, trabalham de modo inconsciente, não haveria consciência no córtex associativo"[83].

---

78. JUNG, Carl Gustav. *Allgemeine Gesichtspunkte*. Op. cit., par. 491.

79. Ibid., par. 491.

80. ROTH, Gerhard. *Fühlen, denken, handeln* – Wie das Gehirn unser Verhalten steuert. Frankfurt am Main: Suhrkamp. 1981, p. 228s.

81. Ibid., p. 230.

82. Ibid.

83. Ibid., p. 229.

Jung, entretanto, vai mais além através da ideia de que o inconsciente assume uma função de condução perante a consciência: impulsos essenciais para o desenvolvimento emergem do inconsciente na forma de sonhos, ideias e imagens.

A ideia de compensação se encontra claramente associada à ideia de finalidade: "Se assim fosse, o sonho teria o valor de uma ideia diretriz positiva ou de uma representação orientada, de significado vital superior aos conteúdos da consciência momentaneamente constelados"[84]. Revelar-se-ia ao indivíduo através da compensação uma espécie de indicador de caminho que aponta para o futuro, pelo menos para próximo trecho de seu caminho. Essa observação está de acordo com o fato de os conteúdos dos sonhos muitas vezes estarem relacionados à ideia de "caminho": estamos no caminho errado, encontramos enfim o caminho certo, não sabemos como devemos nos decidir em uma encruzilhada ou então enxergamos justamente graças a um sonho um novo caminho.

Sendo assim, o aspecto finalista associado à compreensão junguiana do sonho é deslocado para o primeiro plano no que tange à teoria da compensação. Finalidade significa ser determinado por um fim; o desenrolar da ação é determinado por um fim preestabelecido que se encontra no inconsciente. A intenção é a causa. Essas reflexões já se encontram no conceito de enteléquia de Aristóteles: em cada organismo existe uma força que leva esse organismo ao autodesenvolvimento e à perfeição a partir de dentro[85]. O organismo possui uma finalidade própria.

---

84. JUNG, Carl Gustav. *Allgemeine Gesichtspunkte*. Op. cit., par. 491.

85. Cf. ARISTÓTELES. *Über die Seele* – II/1: In der Übersetzung von Willy Theiler. Hambugo: Rowohlt, 1968, 412a.

Interpretação causal – interpretação finalista

A interpretação causal procura pelas causas daquilo que se encontra momentaneamente presente, pergunta pelo passado, estimula a regressão em um sentido analítico-diagnóstico (*analytisch-diagnostisch*). A interpretação finalista pergunta pelo sentido, pela intenção e pelo objetivo do sonho. Está relacionada ao futuro, promove novas possibilidades, encontra-se voltada para frente, possibilita interligarmos novos aspectos uns com os outros da respectiva identidade, é sintética[86].

Para superarmos o passado necessitamos dos dois: de uma visão causal a respeito das formações inconscientes, mas também de uma visão sintética. Quando se trata de imagens arquetípicas, a interpretação pode nos informar apenas sobre o porquê da ativação de determinadas imagens, isto é, enquanto consequência de complexos pessoais que se estruturam, em última instância, em torno de temáticas arquetípicas. Desse modo, entretanto, não seria possível compreender o sonho. As imagens arquetípicas abrangem um amplo potencial de fantasia e nesse sentido precisam ser interpretadas de modo finalista. A interpretação finalista possibilita a absorção de estímulos criativos do inconsciente e estes acabam atuando de forma terapêutica. A respeito disso Jung se coloca da seguinte maneira: "Ao contrário de Freud e Adler [...] dou um peso maior à explicação construtiva e sintética [do sonho, VK] considerando que o amanhã é mais importante em termos práticos do que o ontem e que o de onde é menos essencial do que o para onde. Apesar de toda apreciação que tenho pela história, o sentido criativo parece pos-

---

86. Ver Kast: Trotz allem Ich, p. 118-130.

Sonhos 127

suir uma importância maior para a vida. Estou convicto de que nenhuma compreensão do passado e nenhuma revitalização – não importa quão forte seja – de reminiscências patogênicas (que adoecem) libertam o ser humano do poder do passado tanto quanto o novo. Tenho, porém, a clara consciência de que na ausência da compreensão do passado e da integração de recordações importantes que se perderam nada de novo e vivedouro possa ser criado[87].

A compreensão causal e finalista de um sonho

Uma mulher de 36 anos que se submete a um tratamento psicoterapêutico em função de uma disposição depressiva tem o seguinte sonho:

> Moro na casa de meus pais. Minha mãe me chama e como sempre me repreende. Mas naquele momento não posso lhe dar atenção, pois encontrei um livro muito empolgante.

A interpretação causal aponta para um episódio-do-complexo: a mãe, como sempre, a repreende. A sonhadora não vive mais com seus pais, mas o sonho a leva de volta a casa deles. O sonho retrata um episódio-do-complexo. Este episódio-do-complexo é familiar para a sonhadora, ela inclusive já se ocupou de modo intenso com o mesmo. Poderíamos continuar falando longamente sobre este episódio-do-complexo, relembrando junto da sonhadora outras situações nas quais a mãe a repreendeu. Isto, entretanto, levaria apenas a um aprofundamento progressivo da experiência emocional, a experiência-do-complexo se consolidaria cada vez mais.

---

87. JUNG, Carl Gustav. *Einführung zu W.M. Kranefeldt "Die Psychoanalyse".* [s.n.t.], 1969, par. 759.

A interpretação finalista, por sua vez, se ocupa com o objetivo do sonho: como escapar da repetição forçosa deste episódio-do-complexo? O sonho indica o caminho: "Mas naquele momento não posso lhe dar atenção, pois encontrei um livro muito empolgante".

O livro empolgante a salva: é um símbolo para algo que a toma por inteiro. Agora a analisanda procura por algo em sua vida que a toma por inteiro. Sente que na realidade não existe algo assim em sua vida. No sonho, porém, o livro a tomou por inteiro. Ela conhece essa sensação! E se ela é capaz de experimentar este sentimento durante o sonho, então acredita que poderá reencontrá-lo também no estado desperto.

Muitas vezes o aspecto finalista acaba desaparecendo durante a interpretação. É uma pena, pois esse aspecto possui um efeito terapêutico, é um recurso. Porém, para isso precisamos sacrificar a postura de vítima.

À medida que Jung enfatiza a finalidade, ele indica que os sonhos podem ter uma intenção psicológica. Para que este sonho serve, que efeito deseja alcançar? A causalidade é incluída, pois naturalmente também nos questionamos por que razão este sonho ocorre, porém não nos damos por satisfeitos com essa questão, e sim, nos perguntamos o que esse sonho deseja logo agora. Para que serve? O foco é a personalidade em formação, mais do que a personalidade já formada. Uma mudança de perspectiva e uma abertura, ambos associados à esperança. Esta mudança se revela à medida que as fantasias que emergem dos sonhos, inclusive aquelas que se remetem à vida concreta, sejam permitidas e configuradas. Dessa forma pode se chegar a uma conclusão através do sonho.

A função prospectiva do sonho

Jung diferencia a função compensatória claramente da função prospectiva. Relaciona a função compensatória aos elementos

Sonhos

do dia anterior que permaneceram subliminares, que não alcança-ram a consciência, pois foram recalcados ou então são demasiada-mente fracos para serem percebidos. A função compensatória é "oportuna" no sentido da autorregulação. Jung percebe a função prospectiva, originalmente descrita por Maeder, como "uma ante-cipação, que surgiu no inconsciente, de futuras atividades [...] por vezes um esboço de uma resolução de conflito"[88].

Através de seu artigo *Sobre a questão do sonho*[89] de 1913, Maeder complementou de modo significativo a questão da inter-pretação dos sonhos. Criticou Freud afirmando que segundo a te-oria deste compreenderíamos a psique apenas de modo retrospec-tivo, encontraríamos desejos infantis não realizados, esquecendo, porém, da função prospectiva do sonho. Já ele percebia os sonhos como uma tentativa de retratar problemas atuais emocionalmente significativos e a sua possível solução. Falava da capacidade do in-consciente de solucionar problemas. Segundo um ponto de vista atual, a visão de Maeder, um tanto herética para a época, nos soa prospectiva. Rüther formula a questão da seguinte maneira:

> o enfraquecimento do controle ordenador e estabili-zador em termos cognitivos (no sonho, VK) provoca um afrouxamento associativo das funções cerebrais, de modo que não são apenas os padrões afetivos já existentes que podem ser ativados através da associa-ção, e sim, outros padrões podem ser experimentados de forma lúdica através da alta possibilidade de per-muta de afetos isolados. À medida que novos padrões afetivos são experimentados com sucesso durante a

---

88. JUNG, Carl Gustav. *Allgemeine Gesichtspunkte*. Op. cit., par. 493.

89. MAEDER, Alphonse. Über das Traumproblem. In: BLEULER, Eugen & FREUD, Sigmund. *Jahrbuch für psychoanalistische und psychopatologische Forschungen*. Vol. 5. Leipzig/Viena: Deudicke, 1913.

ação do sonho, padrões antigos podem ser superados e novos padrões de afetividade escolhidos e fixados em termos neuronais[90].

Jung igualmente explica a função prospectiva a partir da fusão entre sentimentos e pensamentos subliminares e vestígios subliminares da memória[91]. Trata-se em Jung de uma combinação antecipada de probabilidades que podem coincidir com experiências concretas. Quando isso ocorre tende-se falar em sonhos "proféticos". Jung, entretanto, alerta: "Não são mais proféticos do que um prognóstico... meteorológico"[92] (quer dizer, um prognóstico meteorológico em 1930!). Desse modo indica que não devemos superestimar a função prospectiva dos sonhos, mesmo sendo ela importante[93]. Trata-se de um alerta claro para não colocarmos o sonho no lugar de um "deus". No sonho também não encontramos "a verdade", no confronto consciente com o sonho, entretanto, podemos descobrir uma verdade para nós, obter, através da elaboração, um indício a respeito daquilo que é importante para nossa vida naquele momento.

A visão prospectiva dos sonhos indica uma direção para o movimento psíquico. A visão prospectiva revela essa direção na forma da antecipação. Os sonhos que são compreendidos em um sentido prospectivo passam ao sonhador e à sonhadora o sentimento de que alcançaram o seu objetivo antes de tê-lo alcançado realmente. E naturalmente esses sonhos nos seduzem a percebê-los como um oráculo.

---

90. RÜTHER, Eckart. *Die Seele in der Neurobiologie des Träumens*, p. 3 [Palestra – Disponível em www.Iptw.de/fileadmin/Archiv/vortrag/2005/ruether.pdf].

91. Cf. JUNG, Carl Gustav. *Allgemeine Gesichtspunkte*. Op. cit., par. 493.

92. Ibid.

93. Ibid., par. 494.

Sonhos

A função prospectiva dos sonhos muitas vezes é vista no caso de pessoas que sofrem de uma problemática em relação à autoestima. Por exemplo: Um homem de 26 anos estava com muito medo do seu exame final, apesar de ter sido um bom estudante. Sofria de insônia, dores estomacais e outros sintomas de estresse. Relatou o seguinte sonho:

> Encontro-me no salão nobre da Universidade de Zurique. Os certificados de conclusão de curso estão sendo distribuídos. Concluí o meu doutorado e me elogiam muito. Sonhando penso: Doutor? Fiz somente a licenciatura. Penso: melhor ainda. O salão nobre está bastante iluminado.
>
> Acordo e me assusto: a prova ainda não aconteceu! Mas o sonho me consolou: se sou capaz de fazer o doutorado, então não preciso ter tanto medo da licenciatura.

Naturalmente podemos considerar este sonho também como uma realização ilusória de desejo. Mas ele teve um efeito: O sonhador perdeu um pouco do seu medo, passou a dormir melhor, se tornou mais confiante – e passou na prova.

No caso de sonhos de catástrofes muitas pessoas acreditam no caráter antecipatório do sonho. Porém, é o medo que se manifesta em situações existencialmente significantes que acaba sendo retratado nesses sonhos de catástrofes. Caso ocorresse uma catástrofe real a cada sonho de catástrofe, teríamos ainda muito mais catástrofes do que já temos. Durante a investigação de sonhos de catástrofes torna-se evidente que estes deveriam ser relacionados a catástrofes que foram vivenciadas pessoalmente[94] do que, por exemplo, com catástrofes naturais.

---

94. RIEDEL, Ingrid. *Die Welt von innen sehen. Gelebte Spiritualität.* Düsseldorf: Walter Verlag, 2005.

E mesmo assim existem por vezes sonhos claramente antecipatórios, cuja origem ainda permanece um tanto misteriosa. Uma mulher de 25 anos planeja uma longa viagem com o seu namorado. Tem o seguinte sonho:

> Vou à agência de viagens. É a agência de viagens da qual sou cliente há muito tempo. Digo quais os meus destinos de viagem. Mas a minha fala não me obedece. Ao invés de "Bancoc", digo "Rorschach". Me atrapalho. Ao invés de "Singapura", digo "Lindau". Tudo está muito confuso. A funcionária da agência de viagem me olha com pena e também um pouco preocupada.
>
> Acordo com esse sentimento confuso que se mistura cada vez mais com medo.

"Era desesperador", diz a sonhadora, "um sonho muito concreto, muito vivo. Ao invés de partir para o mundo devo permanecer perto do lugar onde moro. Lindau como o destino mais afastado! O que significa isso?"

Há algo nela que lhe proíbe a viagem? Ela costumava relatar experiências de sua infância onde foi repreendida pela mãe que achava que ela estava se excedendo. A mãe temia muito essa possibilidade. Esse episódio-do-complexo voltou a se manifestar? A sonhadora averiguou essa hipótese; acreditava, entretanto, que não fazia sentido.

Esse sonho, porém, diminuiu a sua vontade de viajar, ela não tomou as providências necessárias, pois este sonho deve dizer alguma coisa! Dois meses antes da data de viagem que, aliás, ainda não tinha sido organizada, o seu namorado sofreu um grave acidente de moto. É esta a razão, pensou a sonhadora, para este sonho estranho! Naturalmente poderíamos ter compreendido este sonho de forma totalmente distinta. O que importa é que influenciou a sonhadora de forma tal que esta parou de tomar as providências necessárias e se desanimou com a viagem.

O inconsciente coletivo

Jung e Freud se encontraram pessoalmente pela primeira vez em 1907 em Viena. Em 1906 os dois foram ao mesmo congresso. Em 1909 viajaram juntos de Bremen para os Estados Unidos. A viagem durou sete semanas. Os dois receberam, um independentemente do outro, um convite para a Universidade Clark de Massachusetts. Jung foi convidado para falar sobre o experimento de associação. Durante a viagem de navio um interpretava os sonhos do outro.

Nesse momento já surgiram algumas dificuldades. Conforme Jung escreveu em sua biografia, Freud não lhe dava informações suficientes para que fosse possível compreender os sonhos deste, argumentando que não podia perder a sua autoridade. Jung, por sua vez, não se sentia compreendido por Freud no que dizia respeito aos seus próprios sonhos[95], pois estes, conforme disse mais adiante, continham material que para ele possuíam um "conteúdo coletivo". Um deles considerou especialmente importante, pois o conduziu ao conceito do inconsciente coletivo.

> Eu estava numa casa desconhecida, de dois andares. Era a "minha" casa. Estava no segundo andar onde havia uma espécie de sala de estar, com belos móveis de estilo rococó. As paredes eram ornadas de quadros valiosos. Surpreso de que essa casa fosse minha, pensava: "Nada mal!" De repente, lembrei-me de que ainda não sabia qual era o aspecto do andar inferior. Desci a escada e cheguei ao andar térreo. Ali, tudo era mais antigo. Essa parte da casa datava do século XV ou XVI. A instalação era medieval e o ladrilho vermelho. Tudo

---

95. Cf. JUNG, Carl Gustav. *Erinnerungen, Träume, Gedanken von C.G. Jung.* 14. ed. Düsseldorf/Zurique: Walter Verlag, 2005, p. 162ss.

> estava mergulhado na penumbra. Eu passeava pelos quartos, dizendo: "Quero explorar a casa inteira!" Cheguei diante de uma porta pesada e a abri. Deparei-me com uma escada de pedra que conduzia à adega. Descendo-a, cheguei a uma sala muito antiga, cujo teto era em forma de abóbada. Examinando as paredes descobri que entre as pedras comuns de que eram feitas havia camadas de tijolos e pedaços de tijolo na argamassa. Reconheci que essas paredes datavam da época romana. Meu interesse chegara ao máximo. Examinei também o piso recoberto de lajes. Numa delas descobri uma argola. Puxei-a. A laje deslocou-se e sob ela vi outra escada de degraus estreitos de pedra, que desci, chegando enfim a uma gruta baixa e rochosa. Na poeira espessa que recobria o solo havia ossadas, restos de vasos e vestígios de uma civilização primitiva. Descobri dois crânios humanos, provavelmente muito velhos, já meio desintegrados. Depois, acordei[96].

Esse relato de sonho, naturalmente elaborado ao longo dos anos, revela a ênfase que Jung dava aos sonhos: os sonhos deveriam ser histórias, que podem ser narradas e seguidas. Isso se aplica igualmente a todos os outros sonhos que Jung nos passou. Jung se interessava pelo sonho em si, pela narração.

Segundo o relato de Jung, Freud interessou-se pelos dois crânios presentes no sonho. Queria saber, entre outras coisas, de quem eram. Desejava, segundo Jung, desvelar o desejo secreto de morte. Para Jung, entretanto, estava evidente que o seu sonho representava uma imagem da psique, que retratava a sua situação consciente com complementos ainda inconscientes. Associava o tipo de sonho que teve com a "atmosfera intensamente histórica

---

96. Ibid., p. 163.

Sonhos 135

da Basileia"[97] na qual cresceu. Os andares não mais habitados representavam para ele "épocas findas e níveis de consciência ultra-passados"[98].

No dia que precedeu o sonho Jung refletiu sobre a questão das premissas sobre as quais repousa a psicologia freudiana, principalmente sobre o seu "personalismo quase exclusivo"[99]. Jung concluiu que seu sonho que vai até as origens da história cultural oferece uma resposta, pois descreve "algo como um diagrama estrutural da alma humana, uma condição prévia de natureza essencialmente impessoal [...] o sonho tornou-se para mim uma imagem diretriz que, em seguida, se confirmou numa medida imprevisível"[100].

O sonho exerceu um efeito interessante em Jung: voltou a se interessar pela arqueologia e pelos mitos enquanto expressão do inconsciente coletivo. Leu como se estivesse possuído para enfim chegar a uma "desorientação total"[101]. O fato de Freud também se interessar por mitos irritava Jung.

A compensação através de imagens arquetípicas

O inconsciente coletivo é um constructo. É compreendido como um fundamento biológico e psíquico universal de natureza suprapessoal. O inconsciente coletivo revela-se a partir de imagens arquetípicas como, por exemplo, o círculo, a bola, a espiral, crianças divinas, velhos sábios, estranhos misteriosos, heróis e heroínas e também a partir de animais, cores etc. As imagens arque-

---

97. Ibid., p. 164.

98. Ibid., p. 165.

99. Ibid.

100. Ibid.

101. Ibid., p. 166.

típicas são compreendidas como padrões da vida que atuam em todos os seres humanos. São as forças efetivas do inconsciente coletivo e podemos derivar a ideia de um inconsciente coletivo somente da presença dessas forças efetivas. A alusão de natureza existencial a essas imagens arquetípicas se dá através da experiência de que em situações existencialmente significativas as pessoas reagem sempre de novo através de imagens e ideias semelhantes que se baseiam em emoções semelhantes e nos comportamentos resultantes destas. Situações existencialmente significativas são situações de ameaça e de partida: morte, amor, separação, recomeço, a descoberta da própria identidade, a perda da própria identidade, a descoberta de sentido, a perda de sentido.

Essas experiências são expressas repetidamente através de símbolos semelhantes. Em épocas de grandes ameaças ligadas ao medo, sonhamos frequentemente com formas circulares, ou, então, temos a necessidade de nos organizar em forma de círculo. Quando a situação política é ameaçadora, reunimos pessoas em torno de uma mesa redonda. O círculo constitui um símbolo antigo para a totalidade, a vedação, e desse modo também para a proteção. Os espaços interiores e exteriores são separados uns dos outros. O círculo é um símbolo passível de ser averiguado com facilidade na história cultural tanto através da arte representativa como também das criações da linguagem[102]. O círculo, porém, também exerce um efeito sobre nós: quando pedimos às pessoas que formem um círculo, essa ordem específica acaba gerando uma atitude concentrada.

As imagens arquetípicas não são comparáveis apenas em termos iconográficos – apesar de naturalmente serem sempre modi-

---

102. Cf. RIEDEL, Ingrid. *Formen* – Tiefenpsychologische Deutung von Kreis, Kreuz, Dreieck, Quadrat, Spirale und Mandala. Stuttgart: Kreuz, 2002.

Sonhos 137

ficadas através das respectivas tendências da época – e sim, são marcadas igualmente por uma dinâmica específica, portam em si uma energia para a modificação. Essa dinâmica específica que Jung também chama de "espiritual " é compreendida por ele enquanto um princípio de movimento e atividade espontâneo, uma "qualidade de produzir livremente imagens para além da percepção sensorial e [...] a manipulação autônoma e soberana de imagens"[103]. Para tal Damasio afirma: "Poderíamos dizer que a imaginação constitui a moeda corrente de nosso espírito"[104].

O conceito do arquétipo; um conceito biológico

Os arquétipos constituem sistemas psíquicos neuronais que foram adquiridos de modo filogenético. Fazem parte de nossa biologia e conduzem a percepção e o comportamento do ser humano. Para tal algumas afirmações de Jung:

> Uma das conquistas mais importantes da psicologia analítica é sem dúvida o reconhecimento da estrutura biológica da alma[105].

> Nenhum biólogo pensaria em admitir que todo indivíduo adquire de novo seu modo geral de comportamento. Bem mais provável é que o jovem pardal teça o seu ninho característico porque é um pardal e não um coelho[106].

---

103. JUNG, Carl Gustav. *Zur Phänomenologie des Geistes im Märchen.* [s.n.t.], 1976, par. 393.

104. Cf. DAMASIO, Antonio R. *Ich fühle, also bin ich.* Op. cit., 383.

105. JUNG, Carl Gustav. 1972. *Die Bedeutung der Analytischen Psychologie für die Erziehung.* [s.n.t.], par. 103.

106. JUNG, Carl Gustav. *Theoretische Überlegungen zum Wesen des Psychischen.* [s.n.t.], 1985, par. 435.

À medida que os arquétipos intervêm no processo de formação dos conteúdos conscientes, regulando-os, modificando-os e motivando-os, eles atuam como instintos. Nada mais natural, portanto, do que supor que estes fatores se acham em relação com os instintos[107].

O arquétipo é uma espécie de aptidão para reproduzir constantemente as mesmas ideias míticas; se não as mesmas, pelo menos parecidas. [...] Ao que parece, os arquétipos não são apenas cunhagens de experiências típicas, incessantemente repetidas, mas também se comportam empiricamente como *forças* ou tendências à repetição das mesmas experiências. Cada vez que um arquétipo aparece em sonho, na fantasia ou na vida, ele traz consigo uma "influência" específica ou uma força que lhe confere um efeito *numinoso* e fascinante ou que impele à ação[108].

Os arquétipos são vivenciados na forma de representações arquetípicas, imagens arquetípicas. Estas são compreendidas por Jung enquanto imagens internas que se revelam nos sonhos, fantasias, mitos, que conferem formas específicas às emoções como também possibilitam comportamentos novos em relação àquilo que é conhecido. Permitem, porém, apenas determinadas formas da fantasia e emoção, o que significa que criam igualmente estruturas. Fazem parte de nossos fundamentos biológicos mais básicos, mas também recebem formatação cultural. As imagens arquetípicas precisam ser configuradas e traduzidas de acordo com a linguagem do tempo presente[109].

---

107. Ibid., par. 404.

108. JUNG, Carl Gustav. *Über die Psychologie des Unbewussten*. Op. cit., par. 109.

109. Cf. JUNG, Carl Gustav. *Über die Beziehung der Analytischen Psychologie zum dichterischen Kunstwerk*. [s.n.t.], 1971, par. 130.

Sonhos   139

A verdade eterna requer a linguagem humana que se modifica de acordo com o espírito dos tempos. As imagens primordiais são capazes de transformações infinitas e mesmo assim permanecem sempre as mesmas, podem ser compreendidas novamente, porém apenas a partir de uma nova forma. Exigem constantemente uma interpretação inédita, não devem perder [...] em função do modo arcaico de sua conceituação o seu encanto. Onde se encontram as respostas para os sofrimentos e apuros psíquicos dos tempos atuais? Onde, enfim, se encontra o saber acerca da problemática psíquica que o desenvolvimento da consciência moderna desvelou? Nunca antes havia tanta híbris do querer e do saber confrontando as verdades "eternas" de modo desafiador[110].

A tradução mais famosa de um mito para a linguagem atual talvez seja a revisão de Freud (ou versão nova) do mito de Édipo. Édipo, enquanto figura arquetípica, deve ter fascinado muito a Freud.

A tradução de mitos para a linguagem atual, hoje em dia também ocorre, por exemplo, nas histórias em quadrinhos. Os mitos antigos são novamente transmitidos para um grande público com a ajuda da mídia popular. As animações dos estúdios da Disney trabalham com material mítico. O mito de Amor e Psique é retratado através da versão do conto de fadas *A bela e a fera*. O robô doméstico que aparece na literatura de ficção científica é inspirado nos pequenos duendes que auxiliam as pessoas em suas tarefas. Os atos heroicos de Héracles se refletem nos atos dos heróis de faroeste, assim como os mitos heroicos ainda fazem muito sucesso na forma do Super-homem e assim por diante. A tradução de material mítico para obras literárias atuais, tradução esta que se inici-

---

110. JUNG, Carl Gustav. *Die Psychologie der übertragung*. [s.n.t.], par. 396.

ou nos últimos anos pelo menos na Europa e nos Estados Unidos, é um pouco menos chamativa. São principalmente os artistas que traduzem as imagens arquetípicas para a linguagem da atualidade à medida que conferem forma a estas imagens, ora diversas vezes durante a sua vida, ora entram em contato com essas imagens arquetípicas através dos sonhos, como no caso de Chagall. Em seus registros autobiográficos no livro *A minha vida*[111] ele descreve um sonho que teve em um quarto muito pequeno em São Petersburgo, onde estudava pintura clandestinamente. Naquela época judeus não podiam deixar o seu distrito.

> Subitamente o teto se abriu e um ser alado desceu, encheu o quarto de uma vez só com ruídos e sonidos, com movimentos e imagens. Um ruído de asas se arrastando. Penso: Um anjo! Não ouso abrir os olhos – está claro demais, iluminado demais. Após ter atravessado o espaço todo, ele se levanta e leva consigo toda luz e todo aquele ar azul. Escurece novamente, acordo[112].

Chagall relata que a sua obra *A aparição* (1917) se deve a este sonho. Mas não apenas esse quadro, há sempre um lugar para os anjos nas obras de Chagall.

Anjos são símbolos arquetípicos que voltam a adquirir um significado principalmente nos dias de hoje. Os anjos eram compreendidos como poderes do além a serviço de uma divindade que acompanhavam o caminho da vida e da morte do ser humano. Enquanto mensageiros entregam ao ser humano uma missão e junto desta a energia para cumprir a mesma. Os anjos também criam ligações. Segundo à tradição interligam o céu e a terra. Através deles aquilo que se encontra separado pode ser novamente unido. Através dessa

---

111. CHAGALL, Marc. *Mein Leben*. Sttutgart: Hatje, 1959.
112. Ibid., p. 81s.

"criação de ligações" os limites são transpostos, o novo é gerado, algo pode se tornar novamente inteiro e completo, fato este que também envolve a vivência de um novo sentido.

Aparentemente o anjo ocupa o lugar de musa criadora, de inspiração divina para Chagall. Quando o anjo aterrissa a inspiração pode ser realizada. O sonho, sonhado em uma época de grande pobreza, de enorme insegurança no que tange a sua formação como pintor, afirma para ele que a sua missão vem de cima, confirma a sua vocação. O anjo irrompe ruidosamente e traz consigo uma dinâmica incrível. Chagall pinta este anjo durante toda a sua vida e o traduz sempre de novo para a linguagem atual. Para Chagall as vacas também podem ser anjos! Em sua obra *O concerto*, que pintou em idade avançada, o anjo é um elemento central, contém vida e sustenta os vivos. O anjo é como um símbolo arquetípico importante para Chagall, proveniente de um sonho, configurado e reconfigurado durante toda uma vida!

Os neurocientistas e as imagens internas

Um conceito semelhante de imagens internas é igualmente descrito por um neurocientista, Gerald Hüther[113]. Ele as denomina de "imagens internas que conduzem a ação"[114]. Sua hipótese: a criança vem ao mundo com um acervo de imagens internas que se manifestam em situações de ameaça do desequilíbrio interno e que podem ser ativadas enquanto padrões que conduzem a ação.

Hüther percebe o cérebro como um aparelho que gera imagens. As experiências pelas quais passamos são interligadas atra-

---

113. HÜTHER, Gerald. *Die Macht der inneren Bilder* – Wie Visionen das Gehirn, den Menschen und die Welt verändern. Göttingen: Vandenhoeck & Ruprecht, 2004.

114. Ibid., p. 36.

vés da conectividade neuronal e sináptica e nos auxiliam a superarmos novos problemas e desafios. Essas competências podem igualmente ser comunicadas através da linguagem, desse modo experiências subjetivas podem ser passadas adiante, complementadas e ampliadas. Possuímos um acervo de imagens coletivas transmitido culturalmente para superarmos problemas de natureza interna e externa, uma memória coletiva que é conservada e passada adiante. Hüther percebe essas imagens como imagens que conduzem à ação que possibilitam a abertura, uma ampliação. Essas se encontram presentes no cérebro, porém também no genoma, portam essas possibilidades de ampliação automaticamente em si. Desse modo não se forma uma imagem realmente nova; um padrão existente, condutor de ação é modificado através de outro proveniente de uma imagem antiga ou então diversas imagens antigas são unidas na forma de novos padrões.

> Por isso cada nova sequencia de DNA, cada novo pensamento e cada representação coletiva pode ser reconduzida a um precursor correspondente, a uma determinada imagem interna que já existia antes. Em um sentido contrário, porém apenas em termos teóricos, toda imagem existente é passível de ser ampliada de modo ilimitado[115].

Hüther, no entanto, estabelece limites estreitos para a ampliação. Uma sequência de DNA (DNA = o portador químico da informação genética) pode duplicar-se ou aumentar apenas quando a capacidade geral de condução dos processos que ocorrem na célula não são postos em questão. Mesmo assim existem vários tipos de DNA-Nonsens, de DNA-Junk, um poço em princípio inútil de imagens internas que Hüther considera um acervo criativo. Des-

---

115. Ibid., p. 109.

Sonhos

sas imagens podemos obter padrões que conduzem à ação quando as condições de vida se modificam de uma determinada forma. Em nosso cérebro possuímos igualmente um acervo de saberes inúteis, ideias, representações, bem mais do que necessitamos para sobreviver. E, por via de regra, estes nos causam grande prazer. Segundo Hüther

> Para que necessitamos de todas as crônicas de família, livros de história, sagas e contos de fadas [...]? Também eles não são nada mais do que um reservatório de imagens internas partilhadas em constante processo de ampliação. Também não precisamos das mesmas para sobreviver simples e puramente. Mesmo assim são possivelmente aquilo que possuímos de mais valioso. Quando as condições de vida se modificam e as estruturas sócias vigentes ameaçam sucumbir, este acervo de imagens coletivas pode ser a salvação. Possivelmente interconectamos determinadas imagens retiradas deste acervo de forma nova, utilizando-as enquanto representações coletivas que nos oferecem orientação no sentido de uma manutenção e reconfiguração de nossas relações sociais e nosso âmbito de vida até então[116].

Hüther acredita que desde o luminismo o homem está convicto de poder modificar o mundo segundo as suas próprias ideias. A falha nesse sentido consiste no fato de que não há mais uma orientação que se baseia em algo que transcende o homem. O homem não desenvolve mais imagens internas que apontam para um lugar seguro, não há mais uma matriz que gera orientação. Seres humanos que não possuem mais imagens condutoras internas que oferecem orientação não podem lançar mão de imagens anti-

---

116. Ibid., p. 111s.

gas culturais em situações de ameaça, e sim, necessitam recorrer a padrões muito antigos de conectividade neuronal sedimentados no cérebro na forma de programas. Trata-se no caso de lembranças infantis muito antigas, programas de instinto e pulsão: esses se tornam organizadores decisivos do pensamento, sentimento e da ação – reagimos de modo animalesco ou infantil! No meio de tudo ainda existiriam as imagens arquetípicas. Hüther faz a pergunta importante sobre "de que modo podemos determinar as imagens daqui por diante ao invés de elas nos determinarem"[117].

Hüther parte do princípio de que as imagens se encontram sempre disponíveis e acessíveis nos diversos níveis. Acredita igualmente na possibilidade de combinações sempre novas dessas imagens que providenciam a adaptação a novos âmbitos de vida. Jung, por sua vez, associa as imagens arquetípicas a um impulso criativo do inconsciente que permite, em combinação com algo já existente, a tradução dessas imagens arquetípicas para a linguagem atual. O núcleo narrativo permanece relativamente constante. Há, entretanto, uma ampla capacidade de variação nas bordas. Segundo Jung o ser humano tem acesso às imagens arquetípicas em situações emocionalmente significativas; constelações de complexos como também a defesa na forma da racionalização podem barrar essas imagens arquetípicas. Mesmo que a noção de imagem não seja usada de forma idêntica em Jung e Hüther, os dois parecem tecer ideias semelhantes acerca de imagens que influenciam as nossas ações.

Devido ao fato de as imagens arquetípicas não poderem ser claramente delimitadas entre si, faria sentido falarmos em campos arquetípicos de sentido. Desse modo, por exemplo, "a criança divi-

---

117. Ibid., p. 10.

Sonhos

na", um símbolo arquetípico para o recomeço inesperado e sempre possível, abarca um campo materno positivo, mas também os demônios que ameaçam destruir a criança. Caso os demônios vençam, a criança divina deixaria de ser uma criança divina[118].

O criativo e o efeito do arquétipo

Em uma palestra de Jung de 1922, *A relação da psicologia com a obra de arte poética*, torna-se especialmente claro como devemos conceber a ação dos arquétipos.

Para Jung a verdadeira obra de arte não pode ser explicada simplesmente a partir da psicologia do artista: segundo ele, "a causalidade pessoal tem tanto ou tão pouco a ver com obra de arte, quanto o solo tem haver com a planta que dele brota"[119]. Na obra de arte o homem pode se libertar da estreiteza daquilo que é apenas pessoal, tem a possibilidade "de se elevar para além do efêmero do apenas pessoal"[120].

A obra de arte é para Jung uma reconfiguração criativa[121]. Segundo Jung existe um processo criativo que utiliza as disposições pessoais do homem como solo nutritivo onde a obra de arte "configura-se a si mesma de acordo com o que pretende ser"[122]. Para Jung o impulso é autônomo; segundo ele, existe o criativo que perpassa e fundamenta toda criação. O homem criativo é utilizado

---

118. Cf. KAST, Verena. *Aufbrechen und Vertrauen finden*. Op. cit., p. 92-100.

119. JUNG, Carl Gustav. *Analytische Psychologie und dichterisches Kunstwerk*. [s.n.t.], par. 107.

120. JUNG, Carl Gustav. *Analytische Psychologie und dichterisches Kunstwerk*. Op. cit., par. 107.

121. Ibid., par. 108.

122. Ibid., par. 108.

por este ímpeto criativo como uma espécie de ferramenta. Este homem, porém, pode igualmente desfrutar desse ímpeto criativo.

Jung, entretanto, distingue entre duas formas deste criativo. Em um caso o homem pode criar o que deseja, encontra-se mais livre. Mesmo assim pode estar tomado por um impulso criativo. No outro caso, a pessoa criativa é claramente "uma pessoa tomada", encontra-se inspirada, as diversas temáticas praticamente a invadem. No caso dessas pessoas a consciência não é apenas influenciada pelo inconsciente, e sim, é guiado por este[123]. Quando o processo criativo é interrompido ocorrem complicações psíquicas. Existe neste caso um "imperativo maior"[124] ao qual a pessoa precisa obedecer. Jung compara este ímpeto criativo à força da natureza que se impõe e é indiferente ao bem-estar da pessoa criativa.

Como se forma uma obra criativa?

Nesta palestra de 1922, Jung ainda parte do pressuposto de que a obra criativa é em primeiro lugar um complexo autônomo, impossível de ser influenciado pela consciência. Este conduz áreas inconscientes à atividade, o que desencadeia o processo de associação[125]. Mais adiante Jung utilizou como explicação para o desencadeamento do processo criativo o conceito da autorregulação. Podemos reconhecer a natureza do "complexo criativo" ou, posteriormente, da imagem arquetípica constelada apenas na obra acabada. Desse modo devemos indagar a que imagem primordial do inconsciente coletivo devemos reconduzir a imagem elaborada na obra de arte. Atualmente tenderíamos a perguntar com que com-

---

123. Ibid., 110, 113.
124. Ibid., par. 114.
125. Ibid., par. 122.

plexos e campos arquetípicos a imagem se encontra em ressonância.

No caso das imagens do inconsciente coletivo não se trata de rememoração, pois nada se encontra recalcado ou esquecido neste caso. Trata-se antes de imagens mnemônicas que correspondem à estrutura cerebral e manifestam-se na matéria configurada enquanto princípios reguladores de sua configuração[126].

> A imagem primordial, ou o arquétipo, é uma figura – seja ela demônio, ser humano ou processo – que reaparece no decorrer da história, sempre que a imaginação criativa for livremente expressa. É, portanto, em primeiro lugar, uma figura mitológica. Examinando estas imagens mais detalhadamente, constataremos que elas são, de certo modo, o resultado formado por inúmeras experiências típicas de toda uma genealogia. Elas são, por assim dizer, os resíduos psíquicos de inúmeras vivências do mesmo tipo. Elas descrevem a média de milhões de experiências individuais apresentando, dessa maneira, uma imagem da vida psíquica dividida e projetada nas diversas formas do pandemônio mitológico [totalidade de todos os demônios] [...].

> Cada uma destas imagens contém um pouco de psicologia e de destino humanos, um pouco de dor e de prazer repetidos inúmeras vezes na nossa genealogia, seguindo em média também a mesma evolução. É como se fosse o leito de um rio encravado no fundo da psique onde a vida [...] de repente se transformasse num poderoso rio caudaloso, quando atinge aquela concatenação especial de circunstâncias que desde sempre contribuíram para a realização da imagem primordial[127].

---

126. Ibid., par. 126.
127. Ibid., par. 127.

Quando entramos em contato com as imagens arquetípicas, experimentamos uma intensidade emocional especial na forma de uma libertação ou de algo poderoso que se apossa de nós. "Em tais momentos não somos mais indivíduos, mas uma espécie; pois a voz de toda a humanidade ressoa em nós"[128].

As obras de arte atuam de modo semelhante. Jung percebe a obra de arte como uma tradução da imagem arquetípica para a linguagem atual. Todo ser humano terá a possibilidade de encontrar o acesso "às fontes mais profundas da vida que, de outro modo, lhe seria negado"[129]. A obra de arte e também todas as configurações culturais que traduzem a imagem arquetípica para a linguagem da atualidade possibilitando, por sua vez, a todas as pessoas a estabelecerem um contato com essas imagens, constituem desse modo os recursos para o ser humano.

Jung acredita que a arte configura sempre aquilo do que o "espírito dos tempos" mais carece. Sendo assim, parte do pressuposto de que a lei da compensação se aplica igualmente ao espírito dos tempos. E dessa forma percebe a arte como um meio de regulação espiritual na vida das nações e das épocas[130].

Mesmo que Jung fale aqui de algo altamente criativo, isso também vale para pessoas criativas mais comuns. De repente temos uma ideia. Possuímos ideias, imaginações cuja origem não sabemos explicar em um primeiro momento. As imagens arquetípicas frequentemente influenciam a imaginação através dos complexos. Os complexos funcionam tal como máquinas de busca para campos arquetípicos. Conforme mencionado, vivenciamos primeiramente aquilo que permanece igual, aquilo que subtrai a nossa

---

128. Ibid., p. 128.
129. Ibid., par. 130.
130. Ibid., par. 131.

Sonhos

força através do complexo e depois por vezes também aquilo que se modifica, principalmente quando somos capazes de colocar as imagens causadas pelos complexos em ressonância com as imagens arquetípicas. Isto é, quando sonhamos com imagens que já conhecemos a partir de outro contexto nos contos de fadas ou mitos e quando as imagens dos contos modificam as nossas representações condicionadas pelos complexos[131]. Utilizamos igualmente imagens antigas com o intuito de torná-las efetivas a partir de uma nova combinação no tempo presente.

O problema da medida

A época que denominamos de "tempestade e ímpeto" [Sturm und Drang] encontrava-se especialmente dominada por esse ímpeto criativo. Os poetas dessa época eram arrastados por esse impulso criativo. Ainda se pode sentir o mesmo em relação ao poema *Prometeu* de Goethe. O impulso criativo que remete ao arquétipo pode nos arrastar, ele leva o ser humano à híbris.

Quando as pessoas se encontram tomadas pelas imagens arquetípicas elas perdem facilmente a medida. Jung sempre se opôs ao mesmo, provavelmente por ter vivenciado semelhante perigo na própria pele.

> Pode-se, no entanto, ser subjugado pelo estado de ser tomado por algo quando não se compreende a tempo por que se foi tomado pelo mesmo. Devemo-nos perguntar: por que tal ideia me tomou de tal modo? O que isso significa em relação a mim mesmo? Essa dúvida modesta pode nos proteger contra uma subjugação completa por nossa própria ideia[132].

---

131. A apresentação de um exemplo segue na parte III, p. 229ss.

132. Cf. JUNG, Carl Gustav. *Erinnerungen, Träume, Gedanken von C.G. Jung.* Op. cit., p. 61.

Em outra passagem ele diz: "jamais devemos nos deixar sub-jugar, mesmo que seja pelo bem"[133]. Diante do inconsciente tor-na-se necessário o controle consciente.

Atualmente conhecemos a questão da subjugação principal-mente no contexto do fundamentalismo e do fanatismo[134]. Mas, além disso, existem identificações com imagens arquetípicas, por exemplo quando uma mulher diz que é uma bruxa, significa que se encontra totalmente identificada. Na maioria dos casos essa identificação não é sustentada por uma energia arquetípica, e sim, por uma ideia fraca que é conjurada para que adquira força.

Sendo assim o confronto entre a consciência e o inconsciente é especialmente importante, assim como a configuração dessas imagens arquetípicas e emoções e também o confronto cognitivo com as mesmas. Quando isso não ocorre formam-se ideologias e as correntes arquetípicas encarregadas de gerarem movimento e liberdade acabam causando limitações estreitas, solidificando tam-bém relações de poder.

A consciência pode ser "guiada" pelo inconsciente, conforme dizia Jung, porém, a consciência exerce igualmente uma influên-cia sobre o inconsciente. Devemos lutar por esta influência quan-do se trata de nos aperfeiçoarmos enquanto seres humanos. Hüt-her afirma o seguinte nesse sentido: "Porém tudo que é passível de receber uma forma pode igualmente mudar de forma"[135]. E mais adiante: "apenas quando tomamos consciência da origem e do poder dessas imagens internas, seremos capazes de refletir so-

---

133. Ibid., p. 331.

134. Cf. KAST, Verena. "Im Fanatismus verborgene Lebensthemen". Op. cit., p. 191-201.

135. HÜTHER, Gerald. *Die Macht der inneren Bilder* – Wie Visionen das Ge-hirn, den Menschen und die Welt verändern. Göttingen: Vandenhoeck & Ru-precht, 2004, p. 116.

Sonhos 151

bre como *nós próprios* podemos determinar as imagens ao invés de elas *nos* determinarem"[136].

Sonhos arquetípicos

Caso o sonho contenha, conforme afirma Campbell, um motivo mitológico e arquetípico[137], ele nos conecta com a nossa própria história de vida, e com a história de vida dos seres humanos como um todo. Estes são os grandes sonhos. São estes os sonhos que permanecem em nossa memória, que podemos correlacionar com outros sonhos no decorrer da vida, que nos transmitem o sentimento de que possuímos uma identidade no âmbito onírico que ao mesmo tempo revela para nós que a nossa vida encontra-se inserida em um contexto mais amplo. Naturalmente também enxergaremos a realidade concreta em função desses sonhos; o sonho traz uma nova perspectiva a partir da qual podemos perceber dificuldades atuais, oferece novas opções, desencadeia a esperança que se revela na forma de coragem diante da vida e que pode nos ajudar a antecipar o futuro. Evidentemente estes sonhos revelam igualmente aquilo que ocultamos, mas como um todo apontam para uma determinada direção, nos levam a um confronto com estas novas opções que não podem ser assumidas sem nenhuma reflexão.

Os sonhos que contêm símbolos arquetípicos e que antigamente eram chamados de "grandes sonhos" não se dirigiam, é o que se supunha, apenas ao indivíduo, e sim, continham uma mensagem para a comunidade da qual o sonhador ou a sonhadora faziam parte.

---

136. Ibid., p. 10.

137. Cf. CAMPBELL, Joseph. *Der Heros in Tausend Gestalten*. Frankfurt am Main: Suhrkamp, 1963, p. 26.

Estes sonhos provavelmente não são mais relatados com tanta frequência hoje em dia, porém, a literatura psicológica os disponibiliza para aqueles que se interessam por eles. O que não se torna público, nesse caso, é que por vezes uma pessoa medita durante semanas sobre o sonho de uma pessoa estranha, convive intensamente com ele e lhe confere uma forma, atividade esta que também a alimenta emocionalmente. Nesses casos também há ressonância, não através da realização conjunta do ritual e do mito, mas em função da disponibilidade de ser afetado pelo material arquetípico presente na literatura.

Observamos repetidamente pequenos grupos de pessoas que se ocupam com estes sonhos arquetípicos, narram, imaginam e configuram-nos de modo criativo. Desse modo estabelecem um contexto compartilhado onde estes símbolos se tornam vivos e possibilita que outras pessoas sejam igualmente influenciadas[138].

Quando partimos do pressuposto de que o inconsciente coletivo constitui um inconsciente comum a todos nós, em função do qual sentimos, por exemplo, emoções análogas, torna-se evidente por que os sonhos arquetípicos podem igualmente comover, inspirar e tocar outras pessoas além do sonhador quando os arquétipos ou campos arquetípicos correspondentes são constelados. Eles também regulam a emoção e possibilitam além disso a experiência de sentido.

Os sonhos arquetípicos contêm, além das experiências do dia a dia, os conteúdos que conhecemos da história cultural e que carregam intensas emoções. Possuem um conteúdo "numinoso", muitas vezes são percebidos como algo da ordem espiritual. Na maio-

---

138. RIEDEL, Ingrid. Die Wandlungen einer Schildkröte. In: DÄTWYLER, Philippe et al. *Die Bombe, die Macht und die Schildkröte* – Ein Ausweg aus der Risikogesellschaft? Olten/Friburgo: Walter Verlag, 1991.

Sonhos 153

ria das vezes são transmitidos através do inconsciente pessoal, via os complexos. Por isso o nível pessoal encontra-se igualmente presente na interpretação dos sonhos arquetípicos. Quando interpretamos os símbolos coletivos conforme a história do espírito ou a cultura os transmitiram para nós, ocorre novamente um estreitamento da compreensão. Jung afirma: "Por isso é aconselhável considerarmos na prática o significado do símbolo principalmente em relação à disposição da consciência, quer dizer, devemos tratar o símbolo como se fosse algo não constante"[139]. A interpretação permanece criativa quando damos prosseguimento à configuração destas imagens arquetípicas na fantasia, quando aproveitamos o aspecto dinâmico que pode ser experimentado através das mesmas. As associações que nos permitem a compreensão do sonho tornam-se mais amplas nesses casos: não é apenas a história do indíviduo que importa, e sim, também a história da cultura da humanidade.

Darei o exemplo do sonho de uma mulher de 45 anos que ocorreu na noite após a morte de sua mãe amada:

> Centenas de pequenas tartarugas nasceram em meu jardim. Embaixo dos arbustos de groselha negra. Movimentam-se de forma muito rápida e decidida em direção a minha cama de ervas[140]. Fico surpresa, admirada, feliz. Acho engraçada a forma como andam. Começo a rir e acordo em função de um estranho gorgolejo.

A sonhadora diz: "Acordei em função do meu riso que na verdade não saiu muito – e foi aí que tive que rir de verdade. Estranhei um pouco: na verdade estou profundamente triste, mas acor-

---

139. JUNG, Carl Gustav. *Die praktische Verwendbarkeit der Traumanalyse.* Op. cit., par. 342.

140. Em alemão as palavras cama (*Bett*) e canteiro (*Beet*) possuem a pronúncia bastante similar (N.T.].

do rindo – estou lidando com a morte e meu sonho traz tantas tartarugas recém-nascidas.

Devido ao fato de os sonhos arquetípicos serem transmitidos através de complexos pessoais, precisamos perguntar primeiramente pelas associações pessoais em relação ao sonho: "Na verdade tenho contato com tartarugas apenas nos sonhos, na vida real isso não acontece. Nessas horas parecem como seres de outro mundo. Na maior parte das vezes a carapaça é importante. É uma proteção maravilhosa. Talvez a proteção seja a temática em questão. Para mim a minha mãe também funcionava um pouco como uma carapaça que oferecia proteção contra as desventuras da vida. Não necessitei dessa carapaça, mas estive convicta de que enquanto a minha mãe existisse nada de mal poderia acontecer comigo neste mundo".

A proteção, a confiança na vida ainda se encontrava projetada na mãe concreta. O sonho indica que a proteção pode também surgir a partir de um outro lado da vida da sonhadora.

O tema da fertilidade, do nascimento, do renascimento ocupava a sonhadora mais ainda do que a proteção. Esse sonho estava ligado à admiração e à alegria. Mesmo acordada, a sensação de ter tido um sonho enriquecedor permaneceu. As tartarugas movimentavam-se do arbusto de groselha negra, que ainda foi plantado por sua mãe ou sua avó, em direção ao canteiro de ervas projetado pela sonhadora. Antigamente a mãe falava com despeito do "quintal caótico de ervas". Ocorre aqui uma transferência: o fluxo de inovação flui em direção ao seu quintal de ervas, quer dizer, em direção ao local que ela criou. As ervas são muito importantes para temperar os alimentos. Segundo ela, o alimento adquire o gosto correto apenas através de certas ervas. Trata-se nesse sentido do "tempero certo" da vida. As ervas, entretanto, englobam um significado muito mais amplo. Enquanto ervas medicinais, poderiam indicar que os seus sentimentos de abandono e solidão podem ser curados. Nesse sentido, trata-se talvez também um pouco de uma "cama" (*Bett*), conforme mencionado no relato do sonho, na qual ela pode se sentir protegida.

Quando vivenciou o sonho outra vez através da imaginação, a sonhadora viu centenas de tartaruguinhas mais ou menos do tamanho de moedas de cinco francos. "É um grande movimento, um pouco caótico, porém engraçado. As tartaruguinhas se movimentam empenhadas e decididas. Permanecem temporariamente no canteiro de ervas. Sinto-me viva e consolada."

Até então as conexões ocorreram no nível pessoal. Mas por que tartarugas? O sonho também podia ter falado de jovens coelhos para indicar a fertilidade. Mas assim a temática da carapaça e da proteção não teria sido abordada.

Se partirmos do pressuposto de que existe igualmente um nível arquetípico do sonho, então procuraremos por contos de fada e mitos onde as tartarugas exercem um papel decisivo. Chamamos esse procedimento de amplificação: os símbolos dos sonhos são enriquecidos através de símbolos provenientes da história do espírito e da cultura.

Encontramos tartarugas importantes nos mitos de criação. Existe, por exemplo, um mito de criação indiano[141]: A terra repousa. Começa a se mover e saem dela quatro tartarugas, a partir das quais se forma o mundo. Em um outro mito semelhante elas carregam o mundo inteiro. Naturalmente existem vários outros mitos com tartarugas – a amplificação poderá sempre ser feita a partir das imagens mitológicas disponíveis. A escolha de um determina-

---

141. FRANZ, Marie-Louise von. *Creation Myths*. Zurique: Spring, 1972, p. 38-43. Cf. SÜSS, Rudolf & MALTER, Margarete. *Vom Mythos der Schildkröte*. Dortmund: Harenberg, 1991.

do mito também parece ser influenciada pela forma como somos influenciados pela situação arquetípica enquanto terapeutas. No âmbito da morte os campos arquetípicos de morte e vida encontram-se sempre constelados. Trata-se no caso da experiência de morte também do mito de criação do mundo – a morte está presente, mas ao mesmo tempo um novo mundo é criado.

Naturalmente também podemos nos perguntar sobre o porquê de tantas tartaruguinhas pequenas; serão elas um sinal de indiferenciação? Podemos, porém, fazer uma interpretação mais prática de acordo com a zoologia: onde existem tantas tartarugas recém-nascidas, pelo menos algumas sobreviverão.

Volta e meia a sonhadora lembrava-se desse sonho e o contava para pessoas que também tinham vivenciado uma perda grande. Incluía o sonho em diversas histórias de sua autoria onde recebia sempre um significado um pouco diferente.

Em função do que esse sonho arquetípico ocorreu? Em um primeiro momento podemos concebê-lo como uma compensação para a situação emocional da sonhadora: A sonhadora está triste em função da morte da mãe, mas ela também se alegra. Existe a morte e também o nascimento. O sonho reconciliou a sonhadora um pouco com a natureza, da qual a morte é parte imprescindível.

O sonho, entretanto, torna cada vez mais evidente que esta morte também a leva a um recomeço. Por um lado ela tomou consciência do quanto ainda era determinada pela sua mãe, isto é, pela imagem materna e não tanto pela mãe real, e o quanto ainda dependia da mãe. A pergunta "Será que certas coisas realmente fazem parte do meu canteiro de ervas?" tornou-se uma pergunta importante quando se tratava de relacionamentos, liberdade e novas ideias. Ela realmente deseja fazer algo ou será que age assim, pois sempre agiu desta forma? Quem sabe, foi assim que sua mãe lhe havia ensinado. O seu processo de individuação tornou-se im-

Sonhos

portante para ela. Passou a ter mais energia para agir de modo criativo do que antes da morte de sua mãe.

Por um lado o motivo arquetípico nos conecta com a nossa história de vida, pois os motivos arquetípicos são transmitidos para a consciência através dos complexos. Por outro lado nos conecta com a história da cultura humana e possivelmente também com a herança ligada à história evolucionária da espécie humana. Quando os sonhos vivificam certos conteúdos da memória, estes podem provir da memória pessoal e também da memória da humanidade.

Os sonhos que envolvem motivos arquetípicos são emocionalmente significativos: são assustadores, nos enchem de alegria e por isso continuamos lembrando-nos dos mesmos durante muitos anos. Trata-se de sonhos que não são importantes apenas para a sonhadora, podem igualmente auxiliar outras pessoas em situações de vida semelhantes; essas temáticas arquetípicas afetam todos nós. A vida individual é inserida em um contexto mais amplo, o destino pessoal adquire sentido.

3 O sonho e o processo de individuação

Quando conferimos tamanha importância à finalidade dos sonhos e nesse sentido também a compensação, perguntamo-nos qual poderia ser a finalidade em questão. Nesse sentido Jung afirma, no caso de uma série de sonhos: "a atenção do observador é atraída pouco a pouco para um fenômeno que no sonho isolado permanece escondido por trás da compensação. É uma espécie de processo evolutivo da personalidade [...]". Uma série longa de sonhos aparece "como um processo de desenvolvimento e de organização que se desdobra segundo um plano bem elaborado. Designei este fenômeno inconsciente, que se exprime espontaneamente no simbolismo de longas séries de sonho, pelo nome de processo de individuação"[142].

A ideia de um plano bem elaborado, ainda defendida or Jung, hoje em dia mal se sustenta nesses moldes. A ideia de um processo de desenvolvimento, entretanto, pode ser compreendida, por exemplo, a partir dos seis mil sonhos que Detlev von Uslar registrou nesse sentido[143].

---

142. JUNG, Carl Gustav. *Vom Wesen der Träume.* Op. cit., par. 550.

143. USLAR, Detlev. *Tagebuch des Unbewussten – Abenteuer im Reich der Träume.* Würzburg: Könighausen & Neumann, 2003.

Sonhos   159

O processo de individuação

Em 1931 Jung proferiu uma conferência sobre o tema das etapas da vida humana[144]. Naquela época tinha 58 anos. Jung acreditava que na primeira metade da vida desejaríamos alcançar objetivos socialmente significativos tal como a profissão, o relacionamento, a família, o prestígio e que isso aconteceria às custas da "totalidade da personalidade". Jung suspeitava que essa unilateralidade encontrar-se-ia oculta por trás das depressões que, segundo ele, manifestar-se-iam principalmente nesse momento de transição da vida. Suspeitava que por trás das depressões encontravam-se "os aspectos da vida que poderiam ser igualmente vividos"[145].

No momento de transição da vida ocorre, segundo Jung, uma transformação significativa na alma. Aspectos que desapareceram desde a infância voltam a se manifestar. Alguns interesses esmaecem, outros manifestam-se em primeiro plano. Convicções se enrijecem, tornam-se fanatismo.

Aquilo que é nocivo na primeira etapa da vida, isto é, uma ocupação excessiva com o seu si-mesmo, agora se torna necessário. Quando Jung fala do si-mesmo, ele não se refere ao si-mesmo da linguagem corrente. Naturalmente, os jovens também deveriam ocupar-se de forma crítica e afetuosa consigo mesmo. Mas Jung se refere aqui a um si-mesmo que se encontra nas profundezas da alma, um centro do ser humano que conduz o processo de desenvolvimento que na segunda metade da vida tende a ser um caminho para dentro. Precisamos encontrar novos objetivos. Estes se encontram, segundo Jung, no confronto com o si-mesmo. Esse

---

144. JUNG, Carl Gustav (1931/1969.1985): Die Lebenswende. In: GW 8, par. 749-795.

145. JUNG, Carl Gustav. *Die Lebenswende*. Op. cit., par. 772.

confronto confere sentido à vida e cuida igualmente de sua finali-dade. Jung considera a vida que se encontra voltada para um de-terminado fim melhor do que uma vida sem finalidade. Antiga-mente a religião teria sido uma espécie de escola de vida para tal, uma escola para a segunda metade da vida, para a terceira idade, para a morte. Agora (1931) não o seria mais. Acredita que a longe-vidade precisa fazer algum sentido, a tarde da vida não pode ser apenas "um lastimoso apêndice da manhã da vida". Jung se per-gunta se o desenvolvimento da "cultura" poderia constituir o sen-tido e o objetivo da segunda metade da vida[146].

Pelo que me consta, Jung foi o primeiro pesquisador que pos-tulou um processo de desenvolvimento da segunda metade da vida. Define esse processo de desenvolvimento como processo de individuação, processo este que afirma que devemos nos tornar ao longo da vida cada vez mais aquele que realmente somos, cada vez mais autênticos, cada vez mais nós mesmos, cada vez mais em harmonia com nós mesmos. Utiliza-se nesse sentido frequente-mente a imagem da semente e da árvore que se forma a partir da primeira. Sendo assim, a glande precisa se tornar carvalho, a glan-de não pode decidir tornar-se uma faia. O ser humano, entretanto, pode, em um sentido figurado, viver algo que não está de acordo com ele. Para a maioria, porém, isso representa algo nocivo. De-pendendo do lugar onde a glande caiu, ela se desenvolverá de modo um pouco diverso. As tempestades irão atingi-la ora mais ora menos, um meio ambiente adequado possibilitará que ela se torne um carvalho forte e consistente.

O processo de individuação consiste em um confronto contí-nuo entre o mundo externo e interno e ocorre igualmente no âm-

---

146. Ibid., par. 786-787.

bito dos relacionamentos. Símbolos e fantasias na forma de fantasias criativas, mas também na forma de memórias, exercem um papel fundamental. No processo de individuação, trata-se igualmente de integrar o não vivido, de se libertar daquilo que se encontra defasado. Segundo Jung o processo de individuação é um processo de integração. Ao longo de uma vida integramos os diversos lados que fazem parte de nós. O estímulo para tal pode ter a sua origem no inconsciente ou no mundo que partilhamos com os outros. Na maioria das vezes as duas coisas se encontram associadas: somos estimulados pelo nosso próximo, projetamos, porém, ao mesmo tempo conteúdos a nós estranhos de nossa própria psique nos outros e através do confronto com eles tomamos consciência dos aspectos de nossa psique.

O processo de individuação é, entretanto, igualmente um processo de delimitação, de conquista de mais autonomia e mais liberdade. A delimitação significa por um lado um confronto consciente com a consciência coletiva, com os papéis que exercemos, com as normas. Por outro, uma dissolução dos complexos parentais, o confronto com os complexos como um todo, complexos estes que nos impedem de vivenciar aquilo que desejamos vivenciar, causando certa compulsão a repetição em nós[147]. O processo de individuação envolve uma investigação consequente a respeito de "mim mesmo" no que tange a minha relação com o meu inconsciente, meu próximo e com o mundo que partilho com os outros. E existem sempre respostas que revelam que sou uma pessoa única com exigências únicas na vida, uma pessoa sempre provisória, passível de ser corrigida.

---

147. Cf. KAST, Verena. *Vater-Töchter, Mutter-Söhne*. Op. cit.

Por um lado Jung define o processo de individuação como um processo interno e subjetivo de integração, quer dizer, a pessoa que se encontra envolvida nesse processo conhece cada vez mais as suas facetas pessoais e estabelece uma comunicação com estas, conecta-as com a sua autoimagem, recolhendo, por exemplo, projeções. Por outro lado, o processo de individuação é um processo de relacionamento interpessoal e intersubjetivo. Jung afirma: "Pois a relação com o si-mesmo é ao mesmo tempo a relação com o próximo e ninguém estabelece uma relação com este a não ser que a estabeleça antes consigo mesmo"[148]. Atualmente esta relação não é vista como uma sequência temporal, e sim, de forma dialógica: a relação com o si-mesmo condiciona relação com o próximo e vice-versa.

Desse modo não se trata no caso da individuação apenas de alcançar mais autonomia e assim mais liberdade – é certo que também se trata disso – mas de um desenvolvimento rumo à autenticidade e de uma capacidade maior de se relacionar. Trata-se da autenticidade no âmbito do relacionamento.

A individuação é um processo e em última instância também um objetivo. Enquanto objetivo a totalidade é uma utopia que jamais alcançamos, na melhor das hipóteses estamos caminhando em direção a ela, caminhada esta que é sempre interrompida. O processo, entretanto, preenche o decurso da vida com sentido[149]. Esse processo consiste em um confronto contínuo entre consciência e inconsciente que se revela a partir de tensões e padrões interpessoais de relacionamento. Precisamos suportar os opostos até que se formem novos sistemas que muitas vezes se revelam através dos símbolos. Durante este processo alguns arquétipos es-

---

148. JUNG, Carl Gustav. *Die Psychologie der Übertragung*. Op. cit., par. 445.
149. Ibid., par. 400.

Sonhos

pecialmente importantes se manifestam. Como, por exemplo, o *Animus* e a *Anima* (imagens do estrangeiro misterioso ou da estrangeira misteriosa que provocam, por um lado, a dissolução dos complexos parentais e por outro nos aproximam mais de nosso centro e conduzem os relacionamentos) e as múltiplas imagens da sombra. O processo de individuação é um processo humano de amadurecimento determinado pelo arquétipo.

Jung postula um centro no ser humano, que busca e produz este processo de individuação: o si-mesmo que se encontra frente a frente com o complexo do eu.

O si-mesmo enquanto matriz que gera orientação

O si-mesmo é compreendido como um arquétipo central de grande força autorreguladora e capacidade de autoconcentração, como o *spiritus rector* secreto de nossa vida que estimula um desenvolvimento perpétuo, um arquétipo que também regula a formação-do-complexo do eu. Além disso, o si-mesmo vale como causa e origem da personalidade individual e abrange o passado, o presente e o futuro[150]. Desse modo Jung fala de "o si-mesmo" (ao invés de "meu si-mesmo") referindo-se simplesmente ao ser humano em si que abrigamos dentro de nós. A individuação seria assim em última instância o trabalho relativo à qualidade "humana".

Jung descreve outro nível do si-mesmo baseando-se no alquimista Dorneus: O homem que é inteiro pode se unir ao *unus mundus*[151]. Existiria assim em última instância – enquanto visão e utopia – a união do si-mesmo humano com o cosmo enquanto totali-

---

150. Cf. JUNG, Carl Gustav. *Die Konjunktion*. Op. cit., par. 414.

151. *Unus Mundus, o mundo uno*. Trata-se de uma expressão utilizada na Alquimia. Jung faz uso da expressão para ilustrar a ideia de que a psique abriga a materialidade e a matéria abriga o psíquico. Trata-se da unidade do ser.

dade[152]. Desse modo se dá uma união entre a imagem do homem e a imagem do mundo: O que se encontra do lado de dentro está também do lado de fora. O que se encontra do lado de fora está também do lado de dentro. Isso corresponde à interpretação do material simbólico em nível do sujeito e do objeto. Quando o arquétipo do si-mesmo é experimentado – na maioria das vezes através dos sonhos ou da pintura de imagens – de modo estrutural a partir de símbolos abstratos da totalidade e da união de opostos, como por exemplo o círculo, o círculo e a cruz, a bola, ou a partir de um aspecto mais dinâmico, como por exemplo o nascimento de uma criança divina, sucede um sentimento vital de autoconcentração, de irreversibilidade de uma situação acompanhado da vivência de uma identidade inquestionável e de uma vivência de sentido inegável, um sentimento seguro a respeito de nosso próprio valor ligado à esperança de um futuro.

Um símbolo do si-mesmo no sonho

Um homem de 46 anos se encontra mergulhado em uma profunda inquietação. Sua esposa e seus filhos estão na Tailândia, na região que acabou de ser devastada pelo Tsunami, e não recebeu nenhuma notícia deles. Culpa-se enormemente por não tê-los acompanhado na viagem, está "quase louco" de tanta preocupação. Sonha: Vejo ondas – repetidamente, ondas grandes que arrastam a minha casa – acordo novamente – e depois novamente. ondas..."

Em seguida:

> Encontro-me no claustro de um convento. No meio da área verde central há uma fonte. Tudo é muito simples, desornado. Vou até a fonte – e estou muito calmo.

---

152. Cf. JUNG, Carl Gustav. *Die Konjunktion*. Op. cit., par. 414.

Em seguida acordei, estava mais tranquilo. E digo a mim mesmo: o que será será. Não vai adiantar nada se eu enlouquecer. Quem sabe tudo isso até faz algum sentido."

O sonho com o claustro quadrado e a fonte no meio – segundo a iconografia um símbolo do si-mesmo e desse modo também do ato de se centrar – levou o sonhador de volta ao seu centro e o acalmou.

Em termos estruturais o si-mesmo tem o valor de um arquétipo da ordem e da autoconcentração, em termos dinâmicos é o arquétipo que nos incita a nos tornarmos o que somos e nos conduz a um desenvolvimento criativo. A relação entre o complexo do eu e o si-mesmo é considerada uma relação onde os dois se fundam mutuamente. O si-mesmo influencia a formação e o desenvolvimento do complexo do eu, o complexo do eu exerce uma influência modificadora no si-mesmo. O si-mesmo não é, ele se torna sempre. Desse modo Jung afirma:

> Tudo aquilo que o homem supõe constituir uma totalidade mais ampla do que ele pode tornar-se símbolo do si-mesmo. Por isso o símbolo do si-mesmo jamais possui a totalidade exigida pela definição psicológica, nem mesmo a figura de Cristo, pois falta a esta o lado noturno da natureza psíquica, a escuridão do espírito e do pecado. Mas sem a integração do mal não existe a totalidade [...][153].

E conforme mencionado diversas vezes, os símbolos espontâneos do si-mesmo praticamente não são passíveis de serem distinguidos de uma imagem de Deus[154].

---

153. JUNG, Carl Gustav. *Versuch einer psychologischen Deutung des Trinitäts-dogmas*. [s.n.t.], 1971, par. 232.

154. JUNG, Carl Gustav. *Aion*. [s.n.t.], 1976, par. 73.

A imagem divina, porém, não diz nada sobre a real existência de Deus. As experiências dos símbolos do si-mesmo são experiências da emoção, da abertura em relação a algo mais abrangente; o si-mesmo pode causar um vínculo com o Outro, com o totalmente Outro, afastando-nos do vínculo egoico narcisista.

O processo de individuação induzido pela terapia

No processo de individuação induzido pela terapia aprendemos considerar os processos inconscientes. Isso significa que nos ocupamos com símbolos, sonhos, emoções e principalmente também com experiências que ocorrem nos relacionamentos e também na relação analítica, pois a psique inconsciente também se revela amplamente no confronto com o Tu, nos padrões de relacionamentos e desejos envolvidos na relação. Muitas vezes as temáticas relevantes em relação ao desenvolvimento são transmitidas para consciência na forma de símbolos. No confronto criativo com os símbolos a personalidade se desenvolve, os problemas são solucionados, por vezes somente por sermos capazes de olhar para os problemas e a situação de vida a partir de uma nova perspectiva, quem sabe até com humor, mas também porque trabalhamos intensamente com as nossas constelações de complexos, trabalho este que costuma ser árduo. Segundo Jung muitos problemas são solucionados à medida que a tendência natural para o desenvolvimento do homem é estimulada para que ele possa crescer para além de seus problemas. Este passa então a vê-los segundo uma nova perspectiva. Nesse sentido Jung afirma:

> Nos sonhos e imagens interiores esse processo de tornar-se homem é representado, de um lado, como a concentração de várias unidades, como a reunião de algo que está disperso e, de outro, como um processo em que algo que sempre existiu vai surgindo pouco a pou-

Sonhos

co e se tornando cada vez mais claro. [...] O processo de conscientização enquanto reunião de partes dispersas constitui, por um lado, uma operação consciente e voluntária do eu, e, por outro lado, significa também um aflorar espontâneo do si-mesmo que já existia. A individuação aparece como a síntese de uma nova unidade que se compõe de partes anteriores dispersas, e também como a manifestação de algo que preexistia ao eu e é inclusive seu pai ou criador, e sua totalidade. Com a conscientização dos conteúdos inconscientes, nós, de certo modo, criamos o si-mesmo [...]. Mas é justamente a presença inconsciente do si-mesmo, do qual provêm os mais fortes impulsos para a superação do estágio de inconsciência, que nos leva a esse esforço[155].

Jung parte do pressuposto de que o homem tem uma tendência para a dissociação, para cisões e que estas cisões podem ser superadas no processo de individuação onde a nossa personalidade real adquire cada vez mais o seu contorno. Torna-se, porém, igualmente claro através desta citação o quanto o processo de individuação é também um processo de um confronto entre o complexo do eu e o si-mesmo que se fundam mutuamente. Durante uma análise, cujo objetivo é o processo de individuação, experiências, recordações, sonhos, imaginações, imagens são percebidas e interligadas entre si e a nossa própria vida gera cada vez mais um pressentimento acerca de um todo interligado, que implica também a experiência de sentido. Compreendemos cada vez mais o nosso destino e também podemos concordar com ele[156].

O processo de individuação vai ao encontro do desejo de espiritualidade do homem atual, a ânsia por experiências acerca de

---

155. JUNG, Carl Gustav. *Das Wandlungssymbol in der Messe*. Op. cit., p. 399s.
156. Cf. KAST, Verena. *Wenn wir uns versöhnen*. Op. cit.

uma união consigo mesmo, com a natureza, com o divino – o que também envolve o próprio corpo – a ânsia por uma espiritualidade vinculada ao corpo, uma espiritualidade mística e social que procura por experiências de totalidade, de estar consigo mesma e ao mesmo tempo ultrapassar a si mesma e que procura perceber a responsabilidade social pelo próximo e pelo mundo que partilhamos com o outro a partir desta postura.

Quem volta sempre a se questionar acerca do sentido da vida, quem anseia por uma vida com raízes mais abrangentes, quem possui necessidades espirituais pode experimentar algo nesse sentido durante o processo de individuação. No contexto desse processo, entretanto, trabalhamos igualmente com episódios-do-complexo, com problemas que resultam de relacionamentos e também nos separamos de nossos complexos parentais.

O processo de individuação e o cuidado de si

Podemos relacionar o processo de individuação com o convite "conheça-te a ti mesmo", onde este si-mesmo constitui algo que se revela sempre de modo diverso e que vai muito além do eu; o processo de individuação, porém, é também um conceito do cuidado de si. O tema do cuidado de si é um antigo tema filosófico que foi abordado por Michel Foucault nos últimos trinta anos e discutido extensamente em seus escritos.

Do que se trata? Onde se encontram as raízes? Sócrates exorta Alcibíades a voltar a sua atenção para si mesmo, a aplicar a sua inteligência a si mesmo, a tomar consciência de seu modo de ser para que possa participar da vida política[157]. O cuidado de si deve envolver o autoconhecimento. O cuidado de si e o autoconheci-

---

157. Cf. FOUCAULT, Michel. *Hermeneutik des Subjekts*. Frankfurt am Main, 2004, p. 56ss.

mento se atraem mutuamente. O tema do autoconhecimento, o conheça-te-a-ti-mesmo, o apelo do oráculo de Delfos parece ter causado um efeito maior nas pessoas do que o apelo para o cuidado de si. Mas para sermos capazes de cuidar de nós mesmos precisamos enxergar e reconhecer a nós mesmos. Este reconhecimento é muito abrangente, compreende-se por ele igualmente o reconhecimento do divino, de reconhecer o divino em si mesmo[158]. O cuidado de si torna-se uma "prática de si", conceito importante para Sêneca. Nas cartas para Luciles[159] expõe o que compreende por este conceito: a independência de outras pessoas, o autorrespeito, a alegria consigo mesmo, o domínio sobre si, a não permissão de nos roubarem o nosso tempo e assim por diante. O cuidado de si torna-se uma arte de viver, uma arte de existir e abrange a vida como um todo. Desejamos corrigir erros, desejamos aceitar a nós mesmos incluindo comportamento que desejamos modificar. Segundo Foucault o objetivo seria: "Nos tornarmos novamente aquilo que nunca fomos, esta é [...] uma das temáticas fundamentais da prática de si"[160]. Trata-se da remoção de sedimentações impeditivas e também de tudo que ocorreu na infância[161]. Aprender a virtude significa desaprender o vício.

Para tal torna-se necessário um exame de consciência. Não no sentido da repreensão, e sim, do reconhecimento. O exame de consciência que ocorre à noite é especialmente importante, pois o exame de consciência purifica a alma para um sono tranquilo. O sonho sempre desvela a verdade sobre a alma. Sendo assim, Sêneca afirma:

---

158. Ibid., p. 107.

159. SÊNECA, Annaeus L. *Philosophische Schriften*. Vol. 3. Darmstadt: Wissenschaftliche Buchgesellschaft [ROSENBACH, Manfred (org.)].

160. FOUCAULT, Michel. *Hermeneutik des Subjekts*. Op. cit., p. 128.

161. Ibid., p. 129.

"[...] a noite gera fadigas e não as elimina, e as inquietudes – as troca umas pelas outras. Pois para aqueles que dormem, os sonhos são confusos assim como os dias"[162]. No caso desse exame de consciência, configura-se em última instância a pergunta se as verdades por nós reconhecidas também conduzem as ações cotidianas, se influenciam o comportamento cotidiano e para tal os sonhos são igualmente importantes. Estes são compreendidos como reapresentações dos problemas emocionais, o que significa que conduzem igualmente ao autoconhecimento.

O cuidado de si ligado à busca pelo autoconhecimento – e o papel dos sonhos nesse processo – encontra-se intimamente vinculado ao processo de individuação. Este exige por um lado o autoconhecimento e por outro o cuidado de si em todos níveis da vida. O seu objetivo é igualmente "tornar-me o que nunca fui" e fazer coincidir o conhecimento e o comportamento.

Para realizarmos esse cuidado de si, dependemos, segundo Sêneca, da troca com outras pessoas, troca esta que exige um coração aberto. É necessário podermos falar abertamente um com o outro. Isso muitas vezes acontecia através de longas cartas.

Se de início o cuidado de si era compreendido como precondição para cuidarmos também dos outros, para realizarmos a tarefa política, essa unidade original do cuidado de si e do cuidado com os outros acabou se dissociando no século I e II d.C. O cuidado de si torna-se cada vez mais um objetivo autorreferente. O si-mesmo constitui o objetivo último e único do cuidado de si, algo que se torna cada vez mais uma arte de viver, cuja questão central inicial é como transformar o próprio eu para nos tornarmos aptos para a verdade. O si-mesmo precisa ser sempre salvo de novo, ne-

---

162. SÊNECA, Annaeus L. *Philosophische Schriften*. Op. cit., p. 56.

Sonhos

cessita da arte de viver no sentido de se equipar para acontecimentos imprevisíveis.

Também no caso do processo de individuação existe o perigo de as pessoas se afastarem do cuidado com os outros para se concentrarem principalmente em seu próprio desenvolvimento. A teoria de Jung, entretanto, uniria o cuidado de si ao ̄ cuidado com os outros, pois no inconsciente coletivo somos assim como os outros. O si-mesmo enquanto o Abrangente abrange os outros e também o Outro.

O criativo no processo de individuação

No processo terapêutico e de individuação a aquisição de uma postura criativa é considerada, segundo C.G. Jung, aquilo que produz o maior efeito terapêutico ao lado de e juntamente com a relação terapêutica. A individuação requer o processo criativo no âmbito da personalidade e o desenvolvimento de uma postura criativa de toda pessoa. Em conformidade com isso encontra-se o que Jung estabeleceu como objetivo da terapia em 1929:

> O que viso é produzir algo de eficaz, é produzir um estado psíquico em que meu paciente comece a fazer experiências com seu ser, um ser em que nada mais é definitivo nem irremediavelmente petrificado; é produzir um estado de fluidez, de transformação e de vir a ser[163].

A definição de um objetivo da terapia gera entusiasmo e nos envolve, apesar de corrermos o risco de fazermos imediatamente objeções, de nos empenharmos no sentido de fazer valer o nosso senso de realidade. É possível realizar tal objetivo? É uma visão. O homem deve se tornar criativo e isso significaria igualmente se

---

163. JUNG, Carl Gustav. *Ziele der Psychotherapie*. Op. cit., par. 99.

tornar mais apto para contornar melhor as dificuldades da vida que não tardam por vir. Tornar-se criativo ao invés de perseverar em hábitos paralisantes onde nada pode se modificar. Mobilidade ao invés de uma petrificação passível de ser equiparada à resignação. A expressão "fluidez" nos faz lembrar a água, a água que preenche profundezas extremas, que contorna pedras, descobre novos caminhos quando necessário. Esta seria uma postura criativa que nos ajuda quando não sabemos como lidar com a vida.

Para Jung existe um princípio criativo que perpassa tudo o que existe no mundo. O homem precisa estar conectado com este princípio criativo que atua também nele, psiquicamente e fisicamente. Desse modo vive a partir de uma postura criativa e se encontra conectado com os seus recursos e as suas forças autocuradoras podem se tornar igualmente eficientes. Naturalmente isso não vale apenas para o processo de individuação que é induzido terapeuticamente. Vale para a vida de todo ser humano.

"O criativo vive e cresce dentro do homem como uma árvore no solo do qual extrai seu alimento. Por conseguinte, faríamos bem em considerar o processo criativo como um ser vivo implantado na alma do homem"[164]. No seminário sobre o Zaratustra Jung enfatiza: "*In creation you are created* [no processo criativo és criado]". A nossa própria personalidade é criada no processo criativo. Por isso, segundo Jung, é absolutamente necessário que toda pessoa, envolvida com o processo de individuação, se torne consciente de seu instinto criativo. Instinto no sentido de um impulso sem motivação consciente, independentemente do quanto este se encontra desenvolvido[165].

---

164. JUNG, Carl Gustav. *Analytische Psychologie und dichterisches Kunstwerk*. Op. cit., par. 115.

165. Cf. JUNG, Carl Gustav. *Zarathustra Seminar*. Op. cit., Vol. 7, p. 62.

Parte III
A força criativa
dos sonhos

I O trabalho com os sonhos na prática psicoterapêutica

O símbolo e a imaginação

Os sonhos modificam o nosso pensamento, nossa imaginação, a nossa disposição afetiva. Tendências e processos inconscientes podem se tornar conscientes através de sonhos modificando assim a nossa atitude consciente. Mas não apenas os sonhos nos oferecem indícios inconscientes para a vida real; há uma ligação entre os sonhos diurnos, a imaginação e os sonhos. Jung afirma:

> Ocorre com frequência na psicoterapia de determinadas tendências inconscientes revelarem, muito antes de se tornarem conscientes, a sua presença através de símbolos que se manifestam principalmente nos sonhos, em seguida, porém, também nas fantasias do estado desperto e ações simbólicas. [...] Tais manifestações podem ser observadas com facilidade nas séries oníricas[1].

Não sonhamos apenas durante o sono, temos igualmente sonhos diurnos. Enquanto nos movimentamos no mundo do estado desperto, temos de tempos em tempos a leve impressão de que algo se passou "internamente" sem que percebamos do que exata-

---

1. JUNG, Carl Gustav. *Die Konjunktion*. Op. cit. [OC, 14/II, par. 333].

mente se trata. Sentimos, entretanto, muitas vezes uma mudança de nossa disposição afetiva: nosso ânimo se anuvia momentaneamente, sem que possamos dizer o porquê. Ocorre, porém, também o contrário: na verdade não há nenhum motivo para a alegria, mas esta toca de repente o nosso ânimo, nos alegra e novamente não sabemos exatamente por quê. Quando nos concentramos em nossas imagens internas, nos pensamentos que acabaram de passar pela nossa cabeça, então, talvez encontramos a ideia, a fantasia que nos tocou. Por vezes nos percebemos em um sonho diurno vivo, gesticulando e resmungando quando devíamos realizar uma tarefa de modo concentrado.

Normalmente sabemos quando nos encontramos em um sonho diurno e também sabemos como "desligá-lo". Sonhos diurnos podem tornar a nossa vida mais interessante. Costumam aparecer com facilidade em situações entediantes. Sonhos diurnos são representações de algo passado, futuro, algo ainda não elaborado, espelham emoções, porém também as transformam, as intensificam ou enfraquecem e por isso podemos usar essas representações de modo terapêutico. A diferença para o sonho no estado do sono consiste no fato de sabermos que estamos "sonhando" e que podemos influenciar as representações. Porém, exatamente por essa possibilidade de influência, o caráter de inevitabilidade que determina os sonhos não é experimentado. Ao invés disso, porém, podemos lidar com esta imaginação, com esta inevitabilidade que ameaça nos dominar e encontrar soluções. Dessa forma, entretanto, podemos igualmente influenciar a regulação de emoção e cognição.

A imaginação é uma habilidade humana normal, que pode ser exercitada e, através disso, tornar-se mais diferenciada. Imaginações são representações de algo não mais ou ainda não presente. Precisamos delas para recordar, para esboçar planos, conferir forma aos nossos anseios, mas também, conforme Kant já percebia, para unificar as percepções sensoriais. As imaginações utilizam

Sonhos

todos os canais da percepção: durante a imaginação podemos ver, escutar, cheirar, sentir o paladar de algo, tatear, perceber o corpo a partir de seu movimento e naturalmente podemos igualmente combinar todas essas percepções.

O mundo que apreendemos nos é dado através de imagens que se constituem a partir dos elementos de todas as modalidades de sentido. Podemos, entretanto, igualmente reconstruir situações através da recordação, quer dizer, formamos representações de dentro para fora. "A projeção da representação jamais cessa enquanto estamos acordados e continua durante o sonho quando sonhamos. Poder-se-ia dizer que a imaginação constitui a moeda corrente de nossa mente"[2]. Nesse sentido Jung afirma:

> A imaginação é a atividade reprodutiva e criativa do espírito por excelência, sem constituir necessariamente uma faculdade especial [...]. A fantasia enquanto atividade imaginativa representa para mim simplesmente a expressão imediata da atividade vital da psique, da energia psíquica que não se manifesta para a consciência a partir de outra forma que não a das imagens ou conteúdos, assim como a energia física também não se manifesta de forma diferente que não a do estado físico que estimula os órgãos do sentido de forma física[3].

Os homens sempre necessitaram de métodos imaginativos para entrarem em contato com uma dinâmica inconsciente ou para se unirem com o divino, por vezes na forma da meditação para serem curados ou exercerem a sua criatividade etc.[4] Porém, depen-

---

2. DAMASIO, Antonio R. *Ich fühle, also bin ich* – Die Entschlüsselung des Bewusstseins. Munique: List, 2000, p. 383.

3. JUNG, Carl Gustav. *Definitionen* [OC, 6, par. 792].

4. Cf. SINGER, Jerome L. *Phantasie und Tagtraum* – Imaginative Methoden in der Psychtherapie. Munique: Pfeiffer, 1978.

demos igualmente da imaginação para planejarmos ações concretas: caso não seríamos capazes de imaginar quais as consequências de determinadas ações ou pelo menos de ações cotidianas, a vida seria infinitamente custosa. Possuímos a capacidade de combinar as nossas representações sempre de forma nova, ajustá-las de acordo com o seu objetivo.

> O caminho criativo é o melhor para lidar com o inconsciente. Pense, por exemplo, numa fantasia e elabore-a com todas as forças à sua disposição. Elabore-a como se a senhora mesma fosse a fantasia ou fizesse parte dela, como se estivesse elaborando uma situação real da qual não pode escapar. Todas as dificuldades que encontrar em tal fantasia são expressão simbólica de suas dificuldades psíquicas; e, à medida que as dominar em sua imaginação, vai superá-las em sua psique[5].

Essa citação data de 1932, muito antes de serem desenvolvidas todas aquelas formas de terapia que trabalham de modo mais explícito com o criativo, como a terapia através da pintura, da música, da imaginação, da dança, da configuração etc.

"Pense numa fantasia..."

Jung acreditava "que toda ideia boa e todo ato criativo procede da imaginação [...]"[6]. Infelizmente devemos igualmente as ideias ruins a nossa imaginação. Para Jung, entretanto, podemos encontrar na imaginação o que há de mais valioso no homem. Porém,

---

5. JUNG, Carl Gustav. "Brief an nicht gennante Adressatin vom 25/11/1932". *Briefe I*. Olten: Walter Verlag, 1972, p. 146.

6. JUNG, Carl Gustav. *Das Typenproblem in der antiken und mittelalterlichen Geistesgeschichte*, 1921/1959 [OC, 6, par. 93].

Sonhos

para desvelar o valor que ela porta, precisamos desenvolver a imaginação[7].

Qual o caminho que leva a essa imaginação? A força da imaginação faz parte de nossa base; encontra-se, porém, mais ou menos desenvolvida. E este desenvolvimento também pode ser estimulado. Primeiramente surgem fantasias passivas, na forma de sonhos, mas também na forma de sonhos diurnos que nos assaltam[8].

Quando não existem sonhos ou fantasias livres disponíveis, então dependemos, segundo Jung, de um auxílio artificial. Esse consiste em utilizarmos o estado afetivo presente como ponto de partida, pois, segundo o princípio de autorregulação da psique, encontra-se nesse distúrbio afetivo a energia que poderia auxiliar aquele que sofre a configurar a sua vida de forma mais efetiva novamente. Mergulhamos assim em nossa disposição afetiva momentânea e anotamos todas as fantasias e associações que surgem ou então as configuramos a partir de alguma outra forma. Esse procedimento que determina todos os tipos de técnicas aplicadas no âmbito da terapia junguiana remete às experiências de Jung, descritas no livro *Memórias, sonhos, reflexões de C.G. Jung*[9], em relação ao seu confronto com o inconsciente. Relata como superou um momento onde parecia se sentir emocionalmente agitado:

> Na medida em que conseguia traduzir as emoções em imagens, isto é, ao encontrar as imagens que se ocultavam nas emoções, eu readquiria a paz interior. [...] Minha experiência ensinou-me o quanto é salutar, do

---

7. Cf. ibid., par. 93.
8. Cf. JUNG, Carl Gustav. *Definitionen* [OC, 6, par. 781ss.].
9. Cf. JUNG, Carl Gustav. *Erinnerungen, Träume, Gedanken von C.G. Jung*. 14. ed. Düsseldorf/Zurique: Walter Verlag, 2005.

ponto de vista terapêutico, tornar conscientes as imagens que residem por detrás das emoções[10].

Isso significa que voltamos o nosso interesse, a nossa atenção para o inconsciente, esperamos por um sonho em relação a um determinado tema. Isso necessita tempo e cuidado. Quando o paciente ou a paciente não é capaz de se interessar por si, o analista ou a analista precisa, em um primeiro momento, demonstrar este interesse para assim despertar o interesse do próprio analisando[11]. Também as fantasias de receio que se encontram ligadas ao complexo são igualmente fantasias e frequentemente precisamos nos ocupar primeiramente com elas.

A ativação do inconsciente também ocorre quando trabalhamos de modo criativo com as questões que consideramos mais adequadas e onde já há um interesse. Possuímos uma tendência natural de moldar a nossa força da imaginação. Para tal tomamos emprestado a criatividade de outras pessoas, outras culturas, permitimos ser estimulados, fazemos uso das obras criativas de outrem, as modificamos, criamos por conta própria algo que se encontra em ressonância com as mesmas. Quando falamos da imaginação falamos do espaço da representação e da fantasia. Espaço este que podemos criar à medida que consumimos: assistimos a filmes, lemos textos, contos de fadas, histórias, poesias, escutamos música, visitamos eventos de arte e assim por diante. Porém, podemos criar tal espaço também quando produzimos, à medida que escrevemos, música...

Por via de regra, as pessoas criativas possuem as duas coisas: um grande interesse pelo mundo da fantasia do outro e um gran-

---

10. Ibid., p. 181.

11. Cf. KAST, Verena. *Vom Interesse und dem Sinn der Langweile*. Dusseldorf/Zurique: Walter Verlag, 2001, p. 55ss.

Sonhos

de interesse em criar algo. Interessam-se fundamentalmente pelo mundo do "como se", pela forma como os outros resolvem determinados problemas sempre em conexão com esperança por melhoras e mudanças. Trata-se de uma formação lúdica da mobilidade no mundo da fantasia. Existe a possibilidade de diversos pontos de vista. A questão seria: quais visões estão presentes? O que podemos assumir? O que adequar a nossa própria psique? Onde sentimos ressonância?

Possuímos mais liberdade na fantasia do que na percepção cotidiana: tempo e espaço podem ser transpostos. O que podemos assumir de um espaço onde há mais liberdade e transpor para o espaço cotidiano? Pelo menos a experiência de que as coisas podem ser diferentes, melhores. Não nos estamos simplesmente entregues à vida, aos outros e a nós mesmos, podemos realizar algo e para tal precisamos confiar na imaginação e na criatividade ligada a esta. Desse modo podemos esboçar cenários, autorretratos, autoesboços e imagens vinculadas ao relacionamento interpessoal. Ao invés de "Não é possível!" temos opções. Mesmo quando a nossa vida se encontra muito limitada por fatores externos, as imagens internas, as recordações, as fabulações, quando existem, permanecem. Pessoas muito doentes, incapazes de se moverem, veem através da imaginação como dominavam antigamente o paredão de uma montanha e se alegram com esta recordação que experimentam nitidamente através da emoção.

Quando pomos as imagens em movimento, ideias fixas são movimentadas, tornam-se mais flexíveis. Consequentemente sabemos lidar melhor com as dificuldades que naturalmente sempre aparecem; a vida com suas imponderabilidades se torna menos ameaçadora. A capacidade para a imaginação nos transmite a experiência de autoeficiência: podemos modificar, efetuar algo. O âmbito dessa autoeficiência é amplo. As nossas ideias respondem de modo muito prático às perguntas: Como devo fazê-lo? Como devo dizê-lo? Como soluciono o problema? Não será uma imaginação isolada que nos responderá tais perguntas, teremos que nos exercitar diversas vezes. Podemos trabalhar os nossos conflitos, os nossos complexos através da imaginação, de modo geral podemos trabalhar as nossas emoções, nos acalmar e estimular através de nossas ideias e representações. Podemos injetar vida em imagens culturais da humanidade, tais como os contos de fada, mitos, rituais, representações artísticas e podemos ser igualmente vivificados por estas. Entramos assim em ressonância com as mesmas e nos tornamos criativos da nossa própria forma. A imaginação humana é um recurso significativo. Por isso a imaginação é aplicada a partir de diversas formas por quase todas as linhas terapêuticas.

O fato de a imaginação constituir um grande recurso foi comprovado ultimamente através de um trabalho empírico de Meier[12]. As emoções e os padrões relacionais positivos eram observados com mais frequência durante a imaginação do que os negativos. Ao lado de padrões relacionais antigos e disfuncionais, novos padrões se formavam. Isto é especialmente importante para a terapia. Além disso, aqueles que praticavam a imaginação encontravam um acesso aos objetos simbólicos. Eis um resultado importante para a terapia: "objetos não humanos reagem de modo mais compreensivo e solícito do que objetos humanos e desse modo satisfazem mais facilmente o desejo humano mais comum, isto é o desejo por proximidade e aceitação[13]. Designa-se de objetos não humanos principalmente os animais, mas também objetos inanimados.

---

12. MEIER, Isabelle. *Primärprozess, Emotionen und Beziehungsmuster in Tagträumen*. Berna: Lang, 2005.

13. Ibid., p. 209.

Sonhos

Através da imaginação pode-se trabalhar de modo mais diversificado no processo terapêutico. Quando a exercitamos, ela se torna um método excelente para lidarmos melhor conosco[14], mas também para compreendermos melhor os nossos sonhos.

Em função de sua crise emocional em 1913, Jung desenvolveu a técnica da imaginação ativa. Desse modo conferiu um valor significativo à imaginação, um valor que esta anteriormente não possuía. Freud, por exemplo, dizia: Podemos dizer que aquele que é feliz jamais fantasia, fantasia apenas o insatisfeito[15].

Jung chama a imaginação de ativa, pois o Eu não se permite ser levado de modo passivo pelas fantasias, e sim, deve representar o seu próprio ponto de vista durante a imaginação.

> Temos que entrar pessoalmente na fantasia e obrigar as figuras a falar e responder. Só assim o inconsciente é integrado na consciência, isto é, através de um processo dialético, através de um diálogo da senhora com as figuras inconscientes. O que acontece na fantasia deve acontecer com a *senhora* que não deve deixar-se substituir por uma figura da fantasia. Deve salvaguardar o eu e só deixar que seja modificado pelo inconsciente, assim como este deve ser reconhecido como justificado e só ser impedido de suprimir e assimilar o eu[16].

O diálogo na imaginação era muito importante para Jung. Em face da autonomia relativa das imagens arquetípicas estas não podem ser simplesmente "integradas"; elas se transformam através

---

14. KAST, Verena. *Imagination als Raum der Freiheit* – Dialog zwischen dem Ich und dem Unbewussten. Olten: Walter Verlag, 1988.

15. FREUD, Sigmund. *Bildende Kunst und Literatur* – Studienausgabe. Vol. 10. Frankfurt am Main: S. Fischer, 1969, p. 193.

16. JUNG, Carl Gustav. "Brief an Sybille Birkhäuser-Oeri vom 13/07/1950". *Briefe II*. Olten: Walter Verlag, 1972, p. 195.

de um processo de um confronto dialético, modificando, entretanto, também a postura consciente de uma pessoa. Sendo assim, aspectos do si-mesmo que precisam ou podem ser vividos são gradativamente absorvidos pela atitude e postura consciente. Esse processo também pode ser acompanhado por símbolos oníricos[17].

A imaginação ativa permite que nos confrontemos com situações emocionalmente difíceis. Enquanto uma forma de meditação praticada por um tempo maior viabiliza o acesso aos diversos aspectos de nossa psique – injeta vida e nos estimula para um novo confronto com nós mesmos e com os outros.

O pesadelo

A ideia de não apenas narrarmos o sonho, e sim, de igualmente imaginá-lo via todos os canais da percepção, quer dizer, enxergá-lo na forma de imagens, cheirá-lo, sentir o seu gosto, ouvi-lo, senti-lo através do tato, perceber sensações relacionadas ao movimento possibilita uma ligação entre o sonho e a "imaginação". Esse método não substitui a associação, porém disponibiliza mais informações e mais emoções na forma de material básico para a associação. Desse modo o aspecto finalista dos símbolos e da interação simbólica e consequentemente o aspecto do desenvolvimento e da esperança de um futuro adquirem importância. No caso de sonhos dos quais despertamos em uma situação precária – por exemplo, encontramo-nos à beira de um abismo e não podemos ir nem para frente, nem para trás – podemos, mesmo assim, encontrar um caminho ou uma solução através de uma imaginação acompanhada pelo terapeuta.

---

17. Cf. JUNG, Carl Gustav. *Über die Archetypen des kollektiven Unbewussten*, 1976 [OC, 9/1, par. 85].

As técnicas da imaginação têm uma relevância especial no confronto com os pesadelos. São chamados de pesadelos os sonhos dos quais acordamos subitamente com muito medo. O ato de despertar subitamente envolve uma grande excitação e dificuldades de se orientar[18].

Atualmente distinguimos entre dois tipos de pesadelos: sonhos durante os quais nos confrontamos com grandes medos (*nightmares*) e outros pesadelos que são sonhos pós-traumáticos de repetição (*nightterrors*). Essas duas formas de pesadelo têm em comum o fato de as emoções desses sonhos não poderem ser assimiladas pelo sonho. Repetem-se de modo estereotipado. Pelo menos é assim que concebemos a questão[19].

Schredl indica que pelo menos dez por cento das pessoas têm pesadelos ao menos uma vez por mês ou mais. Mulheres mais do que homens[20]. Sonhos de angústia são frequentemente experimentados por criança pequenas, à medida que crescem esses sonhos diminuem. Existem muitos livros de criança que se dedicam a esse tema e que ajudam as crianças a lidar com os pesadelos. Uma história conhecida é *O pequeno papa-sonhos*[21] de Michael Ende: a princesa Soninha morava no país do sono. No país do sono, este é o bem mais valioso. A princesa, porém, sofre de pesadelos e jamais consegue dormir profundamente. Ninguém pode ajudá-la. Em algum momento o pai não suporta mais essa desventura e procura por um remédio contra esses pesadelos. Quando já perdeu toda

---

18. STRAUCH, Inge & MEIER, Barbara. *Den Träumen auf der Spur* – Ergebnisse der experimentellen Traumforschung. Berna: Hans Buber, 1992, p. 146.

19. HARTMANN, Ernest. *Dreams and Nightmares*: The New Theory on the Origin and Meaning of Dreams. Nova York: Plenum, 1998.

20. SCHREDL, Michael. *Die nächtliche Traumwelt:* Eine Einführung in die psychologische Traumforschung. Stuttgart: Kohlhammer, 1999, p. 117.

21. ENDE, Michael. *Das Traumfresserchen*. Stuttgart: [s.e.], 1978.

esperança, encontra o pequeno Papa-sonhos que está faminto. O pequeno Papa-sonhos se alimenta de sonhos ruins. O rei promete muitos sonhos ruins para o Papa-sonhos, porém o alerta que pode comer apenas os sonhos ruins, os bons e bonitos não! Agora a princesa não tem mais pesadelos e pode dormir profundamente, assim como as outras pessoas.

Histórias fantásticas sobre como lidar com os pesadelos aju-dam as crianças a sentirem-se mais seguras e levam-nas a saber que caso tenham novamente um pesadelo que há, por exemplo, um leão debaixo da cama que irá devorar os seres fantásticos ma-léficos e os monstros. Quanto menos esperamos por um pesade-lo menor a chance de tê-lo. Foi o que Levin e Fireman provaram através de um estudo[22] e esta também é a experiência dos psico-terapeutas. Por isso, é fundamental aprendermos lidar com es-ses sonhos de angústia.

Os pesadelos se manifestam quando as emoções que corres-pondem a eles não podem ser processadas pelo sonho. O sonho não parece ser o lugar seguro conforme Hartmann afirma no caso dos sonhos comuns. Além disso, os sonhos parecem ser estereotí-picos e sempre iguais, não parecem se modificar. Isso é notável, pois os sonhos normalmente estão sempre em movimento, novas conexões tornam-se visíveis constantemente. "É sempre o mesmo sonho", é o que costumam dizer as pessoas que sofrem de um pe-sadelo. Quando pedimos para a pessoa descrever o sonho detalha-damente imaginando-o mais uma vez – no contexto seguro da re-lação analítica, onde o terapeuta e a terapeuta podem intervir a qualquer hora – torna-se claro que existem sim modificações bem

---

22. Cf. LEVIN, Ross & FIREMAN, Gary. "Phenomenal Quality of Nightmare Experience in a Prospective Study of College Students". *Dreaming* – Journal of the Association for the Study of Dreams, 12 (2), 2002, p. 109-120.

Sonhos

sutis que o sonhador e a sonhadora por via de regra não são capazes de perceber.

O trabalho com um pesadelo através da imaginação

Olga, uma mulher de 54 anos que sofre de câncer, sonha:
> estou diante de uma casa que me parece sinistra. Está na hora do crepúsculo, não enxergo bem. Sei que preciso entrar na casa através de uma porta determinada. A porta é preta e algo se encontra desenhado nela. Aproximo-me, é uma caveira. Tento gritar: "Não, não, ainda não!" – acordo cheia de medo, banhada em suor, tento ficar bem pequeninha, de primeira não sei onde estou...

Este pesadelo envolve, como muitos outros, uma razão concreta. O câncer da sonhadora foi para ela "tal como um pesadelo". Mesmo assim, consegue sonhar com essa questão aterrorizante o que significa que é capaz de elaborá-la. De fato, a sua alma já encontrou imagens para essa questão aterrorizante.

Já sonhou esse pesadelo quatro vezes. Agora deseja uma intervenção de crise e é coerente quando diz: "Tenho tanto medo desse pesadelo que prefiro nem mais adormecer". O medo do sonho – essa também é uma descrição possível do pesadelo.

Olga, entretanto, não tem apenas medo do pesadelo, imagina igualmente que esse medo e o sono interrompido possam prejudicá-la e diminuir as suas forças para que possa se confrontar com a sua doença.

Naturalmente a sonhadora sabe que este sonho está relacionado ao fato de ela ter câncer, uma doença que ameaça a sua vida e que precisa se confrontar com a possibilidade da morte. A morte parece vir antes da hora e este "Não, não, ainda não!" é uma emoção que ela também conhece do estado desperto. Ainda não quer morrer, não agora!

Informo a Olga que podemos modificar o pesadelo através da imaginação e que essas modificações podem conduzir a uma habilidade maior de lidar com o medo durante o sonho.

Treino com ela algumas técnicas imaginativas para a superação do medo, primeiramente o congelamento de imagens: Pergunto a ela de que animais tem medo. De tigres. Peço que imagine um vídeo onde há um tigre a uma grande distância. Ele está se aproximando. Tão logo sente medo deve parar o vídeo. Assim o tigre fica parado, ela fez uma imagem na forma de uma estátua. Quando quiser modificar algo novamente, pode fazer o vídeo rodar de novo ou movimentar o tigre. De acordo com o que deseja. Ela se exercita, tem sucesso, gosta do fato de ter controle sobre um tigre.

Também treino a técnica do afastamento e da aproximação com ela: pode afastar para bem longe o tigre que a assusta, fazê-lo desaparecer – quando tiver mais coragem pode trazê-lo novamente para mais perto.

No próximo exercício instruo Olga a visualizar o tigre em preto e branco, ao invés de colorido, alternando, entretanto, com a imagem em cores vivas. A sonhadora percebe que o tigre em preto e branco mal a assusta; o colorido, entretanto, sim. Porém, quando este se encontra a uma distância adequada ele não a assusta.

Estas são algumas técnicas para a superação do medo que conhecemos dos sonhos de angústia – os sonhos de angústia também "utilizam" essas técnicas – e que são aplicadas nos diversos processos imaginativos[23].

---

23. Cf. KAST, Verena. *Imagination als Raum der Freiheit* – Dialog zwischen dem Ich und dem Unbewussten. Olten: Walter Verlag, 1988, p. 94-152. • KAST, Verena. *Vom Sinn der Angst* – Wie Angste sich festsetzen und wie sie sich verwande (1996). Friburgo: Herder, 2005, p. 190ss.

Estimulo Olga a desenvolver ideias que a acalmam. Ela imagina um lugar seguro, onde se sente totalmente bem – este é um exercício imaginativo clássico para a estabilização e para o apaziguamento. Imaginamos também uma árvore que transmite estabilidade para ela. Em seguida trabalhamos com o pesadelo.

Pergunto a Olga se as imagens oníricas foram realmente idênticas ou se possivelmente existiam pequenas diferenças. Ela testa de modo imaginativo as quatro versões e percebe que a cor da porta não era sempre igual. Na verdade, diz ela, a porta seria preta. Mas no último pesadelo era verde-escuro. Talvez isto estava associado ao fato de o sonho todo não ter sido mais tão escuro. Indico que os seus sonhos já estão processando este pesadelo, que algumas modificações já estariam se anunciando.

Peço a Olga imaginar mais uma vez o seu pesadelo e asseguro para ela que irei ajudá-la caso seu medo cresça demasiadamente. De certo modo isso já foi feito à medida que lhe ofereci técnicas para a superação do medo.

Olga imagina que tanto a casa como a porta se encontram muito afastadas. Desse modo não consegue reconhecer o desenho na porta. Porém, por estar mais afastada percebe que a casa se encontra rodeada por árvores, acredita serem sobreiros. Relata que um dia viu sobreiros na Espanha que voltaram a florescer após um incêndio florestal: O verde vivo e ao mesmo tempo os troncos carbonizados teriam formado um grande contraste, algo que na época a tocou profundamente. "Naturalmente me agarro a cada sinal positivo e este parece ser um bom sinal: as árvores deveriam estar destruídas, mas não estão." Os sobreiros constituem aqui um símbolo para a continuidade da vida apesar da destruição.

Na próxima sessão que ocorreu dois dias depois – não ocorreram pesadelos à noite – peço para Olga imaginar novamente o seu pesadelo. Agora ela se aproxima mais da casa durante a visualização, os sobreiros agora fazem parte da imagem. A porta é vermelha. Olga fica admirada. Vermelho sangue. A caveira está na porta – agora, entretanto, parece uma proibição de entrar na casa através dessa porta.

Em uma fase posterior onde conversamos sobre o ocorrido, Olga comenta que quando existe veneno atrás de uma porta, normalmente se encontra a imagem de uma caveira nela – como sinal de perigo.

Considero interessante que neste pesadelo que Olga considera idêntico aos outros a cor da porta não é mais a mesma, e sim, permite certa margem de ação. Estas possíveis variantes nos incitam a imaginar o que existe por trás das diversas portas coloridas.

Olga imagina o seu pesadelo agora enriquecido pelos sobreiros. A porta deveria ser verde. Foi o que combinamos. Ela tenta passar pela porta: "Me aproximo da porta, agora a caveira se encontra ao lado da porta em cima de um pedestal, preciso passar por ela, o que é relativamente fácil. Abro a porta. Sinto um pouco de medo. Mas a porta é verde. Olho para uma paisagem verde – um tipo de selva. Naturalmente sinto medo de cobras. Porém, nada disso parece muito grave. Mas não quero entrar na selva".

Olga associa a selva à vida que cresce de modo selvagem e as cobras ela associa à morte. Falamos repetidamente sobre o assunto "vida e morte". Pois não está certo que a sua doença a levará à morte.

Voltamo-nos para as diversas portas coloridas e nos perguntamos para onde elas a levariam. Desse modo a porta vermelha pertence a um hotel no sul no qual um dia vivenciou uma noite de amor ardente. Na verdade prefere não mais pensar nisso, porém acaba se questionando se em face da morte poderia ousar novamente alguma "loucura erótica".

Durante a imaginação, Olga passa pelas diversas portas coloridas e entra em diversos âmbitos da vida que a confrontam repetidamente com o tema da morte e da vida. Desse modo a temática e a emoção do pesadelo original são conectadas com temáticas atuais de sua vida.

O pesadelo se repete mais uma vez na forma de um sonho. Olga relata:

> O pesadelo começou novamente. A casa, o crepúsculo, a porta – o clima sinistro. Mas a caveira não se encontrava mais na porta, respirei aliviada. De repente a escuridão se dissolveu. Acabei acordando, mas senti bem menos medo.

Já Starker indica, em um estudo publicado em 1974, que o estilo dos sonhos noturnos se modifica e, sendo assim, também o estilo dos pesadelos quando trabalhamos com estes sonhos através da imaginação[24]. Os pesadelos podem se modificar, pois através da interligação das imagens dentro da relação terapêutica que se encontra relativamente livre do medo, e através da percepção das temáticas centrais da vida, que geram medo e que provavelmente estiveram recalcadas, o medo do medo se torna menor.

No caso de sonhos lúcidos é igualmente possível confrontar-se com conteúdos amedrontadores. O sonho é chamado de lúcido quando possuímos consciência, durante o sonho, de estarmos sonhando. Por isso podemos optar por um caminho ou comportamento que está mais de acordo com o nosso estado desperto[25]. No final dos anos de 1970 foi possível provar que esta forma

---

24. Cf. STARKER, Stefan. "Daydreaming Styles and Nocturnal Dreaming". *Journal of Abnormal Psychology*, 83 (1), 1974, p. 52-55.

25. Cf. LA BERGE, Stephen. *Hellwach im Traum* – Höchste Bewusstheit im tiefem Schlaf. Paderborn: Junfermann, 1987, p. 122ss.

de sonhos realmente existe[26]. Devido ao fato de um terço dos sonhos lúcidos começar na forma de um pesadelo, supõe-se que este tipo de sonho constitui um meio eficiente para a modificação de pesadelos sem precisarmos despertar. No budismo tibetano o sonho lúcido é usado para experiências espirituais[27].

Existem sonhos que não podem ser chamados de lúcidos, porém mesmo assim se parecem um pouco com estes. Por exemplo, uma mulher de 20 anos sonha:

> Um urso grande me ataca. Me torno cada vez menor – cheia de medo. Então lembro: assim não é possível. Preciso me tornar cada vez maior. Me torno maior, muito maior, isso acaba dando certo – o urso se manda.
>
> Eu simplesmente sabia disso, conheço essa situação, ela também faz parte do meu cotidiano. Quanto mais me diminuo, tanto mais os outros se inflam e me atacam. Têm prazer com isso. Ainda bem que no sonho eu sabia disso.

A sonhadora não sabia que estava sonhando, porém foi capaz de olhar de modo crítico para seu comportamento e dessa forma o modificou. Estratégias adquiridas no cotidiano podem ser igualmente assumidas no sonho.

Sonhos iniciais – sonhos de passagem

Sonhos importantes ocorrem em momentos de transição, durante crises e quando precisam acontecer grandes mudanças. Possivelmente lembramos melhor de nossos sonhos nessas situações, pois procuramos de todas as formas por orientação. Desse modo

---

26. Cf. cap. "Luzides träumen". SCHREDL, Michael. *Die nächtliche Traumwelt.* Op. cit., p. 124.

27. Cf. VARELA, Francisco J. *Traum, Schlaf und Tod.* Munique: Piper, 2001, p. 132.

Sonhos   193

sonhos muito importantes ocorrem no início da psicoterapia, pois
o início de uma psicoterapia pode significar uma grande fase de
transição na vida de uma pessoa. Esses sonhos são chamados de
sonhos iniciais. Os sonhos iniciais tinham grande importância
para Jung, pois via neles não apenas as razões para dificuldades
psíquicas e um indício do que se perdeu na vida e que precisa ser
reencontrado, mas também pressentimentos sobre como o desenvolvimento poderia continuar. Estes sonhos continham para Jung
"intuições de coisas possíveis"[28]. Ele apresenta como exemplo três
sonhos de uma analisanda que ocorreram no início da terapia com
três analistas diferentes[29]. Ilustra através desse exemplo que o sonho inicial pode igualmente se referir à relação com o respectivo
médico. Jung menciona nesse momento que os sonhos iniciais são
"admiravelmente transparentes e bem formados"[30], ao contrário
dos sonhos posteriores que muitas vezes são pouco inteligíveis.
Assim como a existência de uma pessoa nos é comunicada de modo
condensado nas primeiras sessões de análise, encontram-se também nos sonhos iniciais muitos indícios do passado, daquilo que foi
esquecido, mas também a respeito do que ocorrera no futuro.

Os sonhos iniciais lançam luz sobre os problemas iniciais,
mas também sobre os recursos; são retrospectivos, mas igualmente prospectivos; o aspecto finalista aponta para a questão da direção na qual a pessoa poderá se desenvolver ou pelo menos sobre
como pode se dar o processo da terapia. São especialmente interessantes os sonhos que anunciam uma forma de desenvolvimento, que contêm indícios de como uma vida que se encontra tempo-

---

28. JUNG, Carl Gustav. *Ziele der Psychotherapie* [OC, 16, par. 89].

29. Cf. JUNG, Carl Gustav. *Die praktische Verwendbarkeit der Traumanalyse*
[OC, 16, par. 307ss.].

30. Ibid., par. 313.

rariamente um pouco paralisada poderá voltar a fluir. Sonhos iniciais podem ser sonhos prospectivos, anunciar um caminho, mas podem igualmente conter símbolos arquetípicos com um grande potencial fantástico que estimulam sempre novas ligações.

Em um sonho, por exemplo, uma bola colorida pula para fora da água. Este fragmento onírico, capaz de fascinar o sonhador, muitas vezes também na forma da pintura, nos incita a nos questionarmos a respeito do que veio à luz de modo tão súbito e com tanta força.

Mas existem igualmente sonhos iniciais que mal apresentam soluções, que apesar de nos permitirem conectar um problema atual com um problema biográfico não apresentam recursos nem possíveis direções. Isso se torna especialmente claro no caso de sonhos de baixa estrutura, quer dizer, sonhos onde nenhuma narrativa pode ser experimentada, que normalmente configuram um retrato momentâneo concreto sem nenhuma relação com o passado e o futuro.

O sonho inicial ou os sonhos iniciais podem influenciar a indicação para a terapia. Podem ajudar o terapeuta ou a terapeuta de modo significativo quando estes precisam decidir qual tratamento seria o mais indicado: a psicoterapia de base analítica ou a análise no sentido de um processo de individuação. Os sonhos iniciais são igualmente investigados no sentido das demandas ocultas em relação à terapia ou ao terapeuta, dos padrões relacionais e dos campos arquetípicos que se encontram constelados.

Os sonhos de iniciação têm um significado especial, pois provocam uma contratransferência no analista: reagimos emocionalmente em relação aos respectivos sonhos. O sonho inicial interessa, fascina ou amedronta, nos repele ou nos deixa indiferentes. A forma como o analista ou a analista se impressiona com o material presente, o modo como é tocado em seu próprio mundo simbólico

Sonhos

determina a perspectiva a partir da qual o sonho inicial é visto e compreendido. Não se trata de um erro, e sim, de algo que faz bastante sentido: o trabalho terapêutico torna-se um trabalho a dois. A reação diante do sonho inicial corresponde a uma contratransferência global em relação ao analisando e expressa em que campo psíquico partilhado ocorrerá o trabalho ou se estamos dispostos a trabalharmos um com o outro. Jung escreve em uma carta que na psicoterapia os sonhos seriam sonhados *entre* o analisando e o analista. Isso vale igualmente para os sonhos de iniciação, mesmo quando ainda não conhecemos o analista ou a analista, possuindo assim mais fantasias sobre ele ou ela. Jung afirma:

> No sentido mais restrito todos nós sonhamos *não a partir de nós mesmos*, mas a partir daquilo que *existe entre nós e o outro*[31].

Este é um comentário interessante que gostaria de aprofundar através de material simbólico.

O sonho inicial como caminho

A existência humana pode ser descrita através da imagem de estar a caminho: trata-se de encontrar um caminho na vida, de evitar outros caminhos, de estar em encruzilhadas, de tomar decisões ou então de se encontrar estagnado e de perder seu tempo. Jung parte do pressuposto que é "típico" o homem estar estagnado.

> Ficar estagnado é um processo psíquico. No decurso da evolução da humanidade esse fato repetiu-se incontáveis vezes, e até se tornou tema de inúmeros contos e mitos, como os que falam da chave mágica para abrir um por-

---

31. JUNG, Carl Gustav. "Brief an Dr James Kirsch vom 29/09/1934". *Briefe I.* Op. cit., p. 223.

tão trancado, ou então de um animal prestativo que vem ajudar alguém a encontrar o caminho oculto[32].

O sonho inicial poderia indicar de modo simbólico para onde o caminho desta pessoa poderia está apontando. Não raro aparece um caminho nos sonhos iniciais – de forma mais ou menos clara.

O sonho de iniciação de uma mulher

Rosa, uma mulher de 36 anos, deseja fazer uma psicoterapia, pois considera a sua vida irrelevante, não vê sentido no que faz, percebe a sua família e seus filhos apenas como peso e de modo algum como algo que a enriquece. Então, é só isso? Esta é a sua pergunta.

Jung elucidou que muitos de seus pacientes e suas pacientes que se encontravam no meio da vida não sofriam em função de uma real neurose, e sim, pela falta de sentido de sua vida. Isso o levou a falar do processo de individuação na segunda metade da vida. Nesta fase da vida as necessidades da psique cobram a conta, enquanto que na primeira fase da vida procuramos por um lugar no mundo concreto[33]. Enfatizava: *"A psiconeurose é em última instância um sofrimento da alma que não encontrou o seu senti-do"*[34]. Desse modo a busca pelo sentido constitui uma questão central na psicoterapia junguiana. Porém, não encontramos o sentido com facilidade, jamais se trata de um sentido preestabelecido, e sim, nós o encontramos sempre à medida que seguimos pacientemente os símbolos que se encontram vivificados na própria vida. Também não se trata de compreender rapidamente o sentido, tra-

---

32. JUNG, Carl Gustav. *:Ziele der Psychotherapie* [OC, 16, par. 85].

33. Cf. JUNG, Carl Gustav. *Lebenswende* [OC, 8, par. 772ss.].

34. JUNG, Carl Gustav. *Über die Beziehung der Psychotherapie zur Seelsorge* [OC, 11, par. 497].

Sonhos

ta-se de seguir as fantasias que se encontram conectadas com os símbolos. Os símbolos concentram as fantasias com mais facilidade do que aquilo que é compreendido racionalmente.

Agora o sonho inicial de Rosa:

> Sonho repetidamente que ando por caminhos longos, mas de alguma forma não chego a lugar nenhum. Foi assim também o sonho que tive ontem [antes da segunda sessão]. Dessa vez foi pior.
>
> Tive a impressão de andar em círculos. Não posso prová-lo, mas tive a sensação de passar sempre por uma casa, cujas janelas se encontravam fechadas, pelo visto não era habitada. Ou então habitado por alguém que dorme até tarde. Foi torturante. Eu também já estava cansada.
>
> Então, de repente vi uma raposa e a segui. Pensei: certamente quer roubar uma galinha. Ela, porém corria rapidamente: primeiro para dentro da floresta, depois o caminho se tornava muito íngreme, lá em cima fui capaz de respirar um pouco –, então a raposa desapareceu novamente, achei que a estava seguindo e de repente me encontrei diante de um enorme depósito de lixo, diante do qual se encontrava o pastor que realizou a minha confirmação religiosa. Ele disse secamente: "Este também é um objetivo". Olho para ele de forma perplexa, quero seguir a raposa que não encontro mais. Corro ao longo do riacho, gosto disso.

"Andar em círculos" é uma metáfora, da qual fazemos uso quando temos a impressão de estarmos empenhados, mas mesmo assim não chegamos a lugar algum. Rosa necessita de uma prova de que está andando em círculos. Seu marido a acusa de estar levando demasiadamente a sério a sua disposição psíquica, de estar considerando-a mais grave do que realmente é. "Você está girando em torno de você mesma", é o que diz o seu marido. Esta é uma imagem parecida, porém também diferente da ideia de "andar em círculos". A prova para sua impossibilidade para mudanças Rosa enxerga na casa de janelas fechadas.

Trabalhamos de modo imaginativo com o sonho: Como imagina esta casa? Primeiramente cinza, fechada, rejeitadora. Depois que nos ocupamos com a raposa, Rosa passou a ver a casa um pouco menos cinza, na verdade era uma casa interessante, que "pode ser transformada em algo interessante". De modo bastante natural considera a casa onírica a sua própria casa, a qual se encontra associada também a sua disposição psíquica. Também eu me interesso por esta casa: o que ela abriga? O que ela oculta? O que está sendo excluído da vida? Não a considerei tão cinza assim.

"Eu também já estava cansada", foi o que a sonhadora disse ao narrar o sonho. Pedi que imaginasse mais uma vez essa parte do sonho e agora ela disse: "estou cansada, estou cansada de ficar andando em círculos". Essa situação de estar cansada de si mesma é expressada de forma bem nítida através da emoção de Rosa. Quando estamos realmente cansados de uma situação, normalmente acontece algo: aqui aparece a raposa, que adquiriu um significado grande durante o tratamento de Rosa.

"Durante um tempo tínhamos galinhas que sempre foram roubadas pelas raposas. Tomávamos todo tipo de providência, mas no final as raposas eram mais ardilosas. De algum modo elas me impressionavam. Simplesmente deixamos de criar galinhas. As raposas realmente encontram caminhos. Normalmente se diz: 'Que raposa ardilosa!' É exatamente o que não sou, não sou astuta nem ardilosa.

No sonho estou convicta de que devo seguir a raposa, pois assim chegarei ao lugar para o qual devo ir. É estranho, mas foi assim!"

Não raro é um animal que indica o caminho nos sonhos e imaginações e não raro é a raposa. Nos contos de fada a raposa também é um animal companheiro importante do herói e da heroína quando precisam trilhar o seu caminho heroico e procurar por aquilo que mais lhes falta[35]. A raposa aparece como uma companheira de caminho[36] e através do seu jeito de raposa encontra sempre uma saída quando está ameaçada. A raposa pode abrigar igualmente o velho sábio, fazer vir à tona uma antiga sabedoria. Naturalmente ela pode ser ardilosa ao fazer o mesmo e nesse sentido simboliza a necessidade humana de reagir através de ardileza e agressividade em situações de vida adversas onde somos ameaçados de sucumbir. A agressividade é especialmente importante para mantermos o nosso próprio lado destrutivo sob controle. A raposa, porém, representa também a avidez sexual e a fertilidade.

Naquela época deixamos em aberto em que medida a imagem da raposa também expressava uma projeção em cima de mim, o quanto Rosa atribuía qualidades de raposa a mim enquanto a sua terapeuta. Naturalmente podemos olhar de modo mais preciso para as estações desse caminho, porém parece-me mais importante o fato de o caminho não mais ocorrer na forma de círculos, e sim, oferecer a visão de uma finalidade. O depósito de lixo fez Rosa refletir bastante: como era grande o depósito e quanto lixo estava espalhado, era assim que acontecia antigamente, às vezes o lixo não era processado. O pastor com o dedo levantado faz a sonhadora rir: "ele jamais estaria ao lado de um depósito de lixo, pois o cheiro é muito ruim!" Ocupar-se com o lixo e com um juiz interno severo torna-se uma estação importante durante este tratamento, mas não constitui um fim. Rosa continua o sonho. Agora

---

35. P. ex., no conto de fadas de Grimm: Der goldene Vogel.

36. Cf. RIEDEL, Ingrid. *Traumbild Fuchs*. Olten: Walter Verlag, 1986.

a raposa não está mais visível, mas a sonhadora sabe que ela se encontra em algum lugar. Agora caminha ao longo do riacho; "riachos", diz a sonhadora, "são vivos, murmuram constantemente, é fácil ficar absorto em pensamentos quando andamos ao longo de um riacho". Os símbolos da água em geral costumam dizer algo sobre a dinâmica da alma. Um riacho tão vivo representa igualmente a vivacidade psíquica.

A convicção de que há um caminho, um caminho interessante e que ela não precisa mais andar em círculos foi importante para Rosa. A raposa tornou-se para ela um símbolo importante; durante uma imaginação ativa que ocorreu no final da terapia e que tomou algumas semanas, a raposa exerceu um papel relevante: "a raposa me fez cuidar de mim mesma, de experimentar a sensação de segurança também em relação aos outros e mesmo assim posso me movimentar de forma relativamente livre".

Como foi a minha contratransferência no caso deste sonho? Conforme mencionei anteriormente, achei a casa muito interessante mesmo sendo um pouco inacessível de início – talvez exatamente por isso. Gosto de raposas, principalmente das raposas dos contos de fada. Compreendi essa qualidade de raposa como um recurso, um traço da personalidade a ser desenvolvido que pudesse nos auxiliar ao longo da terapia. Poderíamos perceber as raposas como algo problemático, pelo menos como algo ambivalente, pois Rosa menciona o roubo das galinhas. E a ardileza pode igualmente ser vista de forma mais crítica. Eu, entretanto, me senti bem com estas imagens, percebi-me capaz de entendê-las, fato este que constitui uns dos pré-requisitos para que possamos trabalhar com uma pessoa.

Este sonho inicial me deixou segura de que o processo de Rosa poderia ter um resultado positivo. Isso foi importante. Havia um contraste entre o sonho e a sua história de vida. Rosa não co-

Sonhos

nhecia seu pai, sua mãe foi alcoólatra. Quando criança, Rosa era "empurrada de um lugar para o outro", agora se sentia novamente "tratada que nem lixo" pelo seu marido e seus filhos. Até hoje se aborrecia por ter engravidado pouco antes de concluir os seus estudos e por ter precisado casar-se. E, além disso, as gravidezes foram penosas... O sonho, ou pelo menos a forma como compreendi o sonho, falava uma outra língua, revelava forças e despertava esperanças – para as duas.

A ambivalência dos sonhos iniciais

Naturalmente existem sonhos de iniciais um tanto diversos. É totalmente normal termos sentimentos ambivalentes diante de um tratamento terapêutico. Por um lado nos sentimos felizes por ter ousado este passo, por outro, não temos certeza se iremos alcançar aquilo que desejamos alcançar, fato este que se revela igualmente nos sonhos iniciais.

Um homem de 46 anos procura por uma terapia, pois sofre de moléstia cardíaca funcional e de sobrepeso. Seu médico o aconselhou a fazer uma psicoterapia. Após a segunda sessão teve o seguinte sonho inicial:

> Devo fazer um *tour* pelas montanhas em Alpstein [a cordilheira montanhosa da região onde mora]. Estou disposto a caminhar rápido. Acompanha-me um menino de mais ou menos 14 anos. Quer comer o tempo inteiro. Acordo aborrecido.

O sonhador relata que isso é algo que acontece frequentemente com ele. Sente-se "muito motivado", mas uma ambição diferente se manifesta dentro dele, uma ambição que deseja fazer tudo diferente. Quando se sente assim "impedido" decide comer alguma coisa. Nessas horas fica aborrecido.

Peço para que imagine a ação do sonho mais uma vez. Ele se descreve, quer dizer, o seu Eu onírico como alguém muito bem disposto no sonho. Raramente vai até as montanhas, ou apenas rapidamente, pois não tem muito fôlego. No sonho, entretanto, não foi assim. Foi muito bom. Apenas esse menino, que ele não conhecia, o aborrecia. Aparentemente era um rapaz insignificante, mas essa "comilança constante... assim não dá para progredir na caminhada". Faz sentido perguntarmos diante desse sonho como ele foi aos 14 anos. "Não chamava muita atenção, mas de alguma forma fazia tudo diferente do que meu pai desejava. Minha resistência era passiva. De qualquer forma meu pai se aborrecia constantemente e dizia que comigo não dava para realizar nada!"

O sonho apresenta um episódio-do-complexo, o sonhador encontra-se identificado com o pai do episódio-do-complexo que diz: "Com você não dá para realizar nada". Devido à existência desse rapaz de 14 anos não dá para fazer nada – e é preciso comer o tempo inteiro.

A conduta alimentar disfuncional parece ser um dos problemas principais. Naturalmente este rapaz de 14 anos abriga outras questões além da aqui já abordada. Podemos associar uma figura onírica a cada vez mais detalhes, associando-a a outras recordações e a novos sonhos.

Por que esse sonho constitui um sonho inicial? O relacionamos ao início do tratamento terapêutico. O Eu onírico deseja realizar um *tour* em um ritmo acelerado, o tratamento terapêutico poderia ser percebido como um *tour* pelas montanhas em um ritmo acelerado. Cansativo, alcançando, entretanto, rapidamente os resultados desejados, se não existisse um lado juvenil que precisa comer sem parar, aparentemente faminto. Acho um pouco de graça do rapaz de 14 anos que consegue diminuir a velocidade dessa forma. Por outro lado, imagino que talvez esse menino necessita

Sonhos

realmente ser um pouco "alimentado", receber um pouco de afeto. Neste homem atuam duas tendências opostas: será que as necessidades de ambos podem ser satisfeitas?

Faço uma tentativa de interpretação: digo a ele que é normal termos expectativas e sentimentos contraditórios em relação à terapia. Nesse contexto o sonho poderia indicar que há uma grande expectativa em relação à terapia, que ele está disposto a investir muito, de se envolver de forma boa, mas que ao mesmo tempo anseia apenas ser alimentado e que este lado o impedirá de avançar em seu processo terapêutico. Talvez quisesse simplesmente livrar-se de tudo rapidamente. Ele ficou indignado e disse: "A senhora acha que sou também esse menino de 14 anos?" Tentei esclarecer para ele que uma figura onírica pode representar um aspecto de sua personalidade.

Em seguida falamos por um longo tempo sobre a "terapia como um *tour* pelas montanhas". A sua imagem para o *tour* pelas montanhas era o caminho da Schwägalp até a montanha Säntis, um caminho íngreme sem muitas possibilidades de descanso. Sobe-se constantemente e se chega rapidamente ao topo. Ele considerou esse caminho muito interessante e uma prova do quanto estava motivado. Senti a necessidade de me opor. Disse-lhe que considero outro caminho para a montanha mais adequado. Naturalmente aprecio muito a sua motivação, mas a imagem me parece um pouco "íngreme (*steil*) demais"[37]. Expresso a minha contratransferência à medida que sugiro outro (real) caminho para subir o Säntis. Um caminho que demora mais, mas que oferece ao mesmo tempo trechos onde podemos nos refazer um pouco, algo que,

---

37. Na língua alemã a palavra *steil* significa íngreme. Ao mesmo tempo é utilizada na gíria de algumas regiões de língua alemã como o equivalente a algo "extravagante ou exagerado" [N.T.].

em face de seus problemas cardíacos, talvez fosse mais aconselhável. Mas não, ele queria algo rápido e íngreme.

À medida que conversamos sobre os caminhos concretos que levam à montanha falamos sobre a expectativa em relação à terapia. Percebemos em um primeiro momento que não partilhávamos das mesmas ideias a respeito do processo terapêutico. Naturalmente dei ao paciente a liberdade de procurar por um outro terapeuta que estivesse mais de acordo com a sua ideia de terapia. Alertei-o igualmente que às vezes teríamos problemas a respeito dessa questão. Ele permaneceu, também porque considerou o meu caminho mais indicado para o menino de 14 anos. Desse modo, permitiu-se, apesar de exigir muito de si próprio, um espaço maior de tempo.

Um sonho inicial de baixa estrutura

O complexo do eu pouco coerente, um conceito da terminologia junguiana, corresponde ao conceito de Gerd Rudolf de um "nível estrutural pouco integrado[38] ou à expressão "nível de baixa estrutura "de Ermann[39]. O complexo do eu é pouco coerente em uma determinada situação ou também constantemente pode ser reconhecido a partir do sentimento de falta de orientação das pessoas. Experiências boas de proximidade, vínculo, confiança, auto-eficiência e identidade raramente são experimentadas. São pessoas vulneráveis, necessitadas, não sabem lidar bem com suas emoções, por vezes nem as sentem, mas reagem de modo impulsivo. São pouco resistentes, reagem com muita raiva perante ofensas

---

38. Cf. RUDOLF, Gerd. *Strukturbezogene Psychotherapie*. Göttingen: Schattauer, 2004.

39. Cf. ERMAN, Michael. *Träume und Träumen*. Sttutgart: Kohlhammer, 2005, p. 82ss.

mínimas. Os conflitos ocorrem principalmente de modo interpessoal e não de forma intrapsíquica. Desse modo as separações reais por vezes não podem ser diferenciadas das separações fantasiosas. A relação com outras pessoas é penosa: a capacidade de comunicação se encontra limitada, a confiança prejudicada, a empatia pouco desenvolvida.

Compreendemos por sonhos de baixa estrutura os sonhos nos quais não é relatada uma história, e sim, trata-se normalmente de retratos concretistas do momento, sem passado, sem futuro, uma "representação imediata – não traduzida para outros meios – de estados somatoafetivos"[40]. São imagens de estados afetivos que não são interpretadas de modo simbólico. Indicam diretamente o quanto o complexo do eu do sonhador ou da sonhadora se encontra em perigo.

O sonho permite igualmente um afastamento desses sentimentos amedrontadores. Quer dizer, ajuda a se libertar de tensões insuportáveis ou de uma estagnação amedrontadora. Os sonhos de baixa estrutura são frequentemente encontrados nos casos de pacientes borderline.

Quando lidamos com esse tipo de sonhos iniciais, não devemos trabalhar com os símbolos em um primeiro momento, e sim trata-se de absorver a informação contida no sonho e descobrir em função de que acontecimento essa super ou subestimulação emocional se formou. Desse modo esta poderá ser nomeada e será possível procurarmos por novas formas de comportamento para lidarmos melhor com situações dessa espécie. Consideraremos igualmente se há recursos presentes no sonho, principalmente se existem possibilidades de relações interpessoais que possivelmen-

---

40. Ibid., p. 77.

te se encontram mascaradas através da agressividade ou sexualidade. São registrados eventuais traços prospectivos e estes serão comunicados adequadamente para o sonhador e a sonhadora. O que importa é que o sonhador ou a sonhadora se sinta compreendido e acolhido na situação emocional adversa e que mesmo assim apontamos para os recursos.

Uma mulher de 28 anos fala de seu primeiro sonho durante a primeira sessão de terapia:

> Encontro-me trancada em uma caixa. Está escuro. Espero que alguém me tire de lá.

Quando questionada acerca da emoção que viveu no sonho, ela dá com os ombros. "Já estava escuro" era a única frase que pude tirar dela. Mas pelo menos está esperando que alguém a tire de lá. Este seria um recurso. Este comentário também poderia aborrecer a terapeuta. Tem alguém simplesmente esperando. Porém, não me aborreci, estava convicta: ela realmente não consegue sair sozinha, mas tem a esperança de que alguém a tire.

Porém, enquanto sonho inicial este sonho deixa um sentimento desagradável: não se trata aqui de uma análise no sentido de um processo de individuação, e sim a construção de uma estrutura dentro de uma relação terapêutica para cujo êxito há pelo menos uma vaga esperança.

Caso o sonho inicial e os sonhos seguintes não evidenciarem algum desenvolvimento, então o foco não será o desenvolvimento, e sim ajudaremos na medida do possível a tornar o momento atual da pessoa mais suportável.

Mesmo assim, este não é um sonho que indica um caminho; o sonho expressa o sentimento de vida da sonhadora. A caixa desperta associações tais como um caixão – porém não na sonhadora. "Como que morta", "terrivelmente limitada", "momentaneamente incapaz de transformar esta situação" poderiam ser alusões ao seu estado atual.

O que gerou esse sonho? A sonhadora vivia uma relação pouco séria, principalmente sexual, com um homem. Este a ameaçou a não mais procurá-la caso não frequentasse uma terapia. Compreendi que caso fosse abandonada – concretamente ou em fantasia – precisaria recolher-se, tornar-se quase transparente sentindo-se muito limitada nesta situação e incapaz de modificar algo no momento em questão.

Percebi que ela poderia ao menos proteger-se dentro da caixa. Quanto lugar ela teria? Respondeu que estaria sentada com as pernas e a cabeça encolhidas, o espaço seria apertado e triste, porém também seguro. "A senhora está segura? Em relação a quem?" – "Lá fora tem um louco [trata-se eventualmente também de uma expressão coloquial para uma pessoa com muita raiva], ele não sabe que estou aqui". Após um intervalo: "Aí se tivesse um olho mágico..." Respondo: "A senhora consegue?" – "Talvez sim" – "Qual o tamanho?" – "Da grossura de um polegar." Agora tudo parecia melhor. Ela conseguia ver o louco do lado de fora. A caixa é apertada, porém menos escura. "Na verdade estou com sede..."

A imaginação se manteve muito próxima do sonho. A paciente é capaz de transformar a sua situação através do olho mágico, adquire mais controle sobre a situação. Esta é uma experiência importante: ela pode tornar a situação desagradável um pouco mais agradável, pode modificá-la. E além disso ainda sente sede, ainda deseja algo do mundo. Em seguida reflete sobre a possibilidade de sair da caixa, se deve desistir de sua proteção e prisão. Decide, entretanto, permanecer mais um tempo na mesma. Surge a questão sobre quem seria o louco do qual sente medo e do qual precisa esconder-se. Relata que em sua casa sempre havia alguém com raiva. Nessas horas a prendiam no quartinho onde guardavam as vassouras que era escuro e sufocante. Gritava, pedia ajuda. Um dos irmãos a tirava do quarto e gritava com ela, pois agora o pai estava novamente com raiva. Não sabia por que a trancavam – não havia nenhuma razão, o pai ou os irmãos mais velhos simplesmente sentiam vontade de fazê-lo.

Quando seu namorado ameaça deixá-la, ela o percebe raivoso assim como o pai de seu episódio-do-complexo durante o qual é afastada, excluída, trancada. O episódio-do-complexo era ativado através da ameaça de seu namorado de deixá-la. Mas ele estava realmente com tanta raiva assim? "Não fala alto que nem meus irmãos e meu pai. Não me bate. Parece que se 'desliga' – mas agora estou em terapia... pensei que ele poderia estar com raiva. Poderia perguntá-lo..."

Estas temáticas foram abordadas através do sonho inicial. Após a conversa sobre o sonho ela se sentiu melhor. Compreendeu o que havia ocorrido com ela e aprendeu que o comportamento de seu namorado, fantasiado por ela, não correspondia necessariamente ao comportamento concreto dele, que ela deveria perguntá-lo sobre isso.

Outra vez: O nível do sujeito, o nível do objeto e a interpretação

Conforme explicitado anteriormente, no caso da interpretação em nível do sujeito todas as figuras do sonho são concebidas como traços do sonhador ou da sonhadora; trata-se nesse caso de aspectos da personalidade que não podem ser simplesmente generalizados. Quem sonha com uma raposa não é considerado simplesmente nada além de uma "raposa", mas pode ter sim algum traço de raposa. No caso da perspectiva da interpretação em nível do sujeito, as figuras são símbolos para os traços de personalidade do sonhador ou da sonhadora.

Sonhos

Encontram-se relacionadas à interpretação em nível do sujeito as ideias de que os sonhos abarcam em última instância uma totalidade e que aspectos isolados dessa totalidade, que são importantes e ajudam a estabelecer um equilíbrio emocional, tornam-se compreensíveis no sonho. Nessa hora aquilo que é externo é também interno: o que é experimentado no mundo externo pode igualmente ser compreendido como processo interno e vice-versa. Em última instância, a interpretação em nível do sujeito diz que somos igualmente todas aquelas outras pessoas e tudo aquilo que existe no mundo.

A forma de interpretação que ocorre em nível do sujeito se deve à visão de homem de C.G. Jung, principalmente às ideias acerca de uma totalidade potencial e em última instância da ligação que existe entre todos os seres humanos no inconsciente coletivo.

Ermann escreve: "a interpretação dos sonhos em nível do sujeito é uma contribuição especialmente original para a teoria dos sonhos. Em relação à questão dos sonhos ela teve entrada em todas as formas de terapia de base psicanalítica [...]"[41]. Provavelmente a minoria daqueles que fazem uso dessa técnica possui consciência da profunda ligação entre esta e a visão de homem de Jung. A interpretação em nível do sujeito – a maioria parece percebê-lo dessa forma – conduz ao autoconhecimento. Alcançamos o mesmo principalmente através da compreensão dos símbolos e do trabalho com os símbolos.

A interpretação em nível do objeto significa aceitarmos que as pessoas presentes no sonho estão relacionadas com as pessoas reais ou eventualmente com as projeções que fazemos nelas. Esse tipo de interpretação faz sentido quando sonhamos com pessoas

---

41. Ibid., p. 40.

muito próximas e também com aquelas que consideramos terríveis e que não conseguimos aceitar, talvez também aquelas que subestimamos conforme no exemplo abaixo:

> Uma mulher de 40 anos considera o seu chefe um burro. Admira-se como este consegue manter o seu empreendimento. Volta e meia seu chefe deseja discutir alguma questão com ela, mas ela se mantém afastada sempre quando possível. Acredita inclusive que ele pode querer usá-la. Ele gosta de falar com outros funcionários e aceita as ideias destes. Os outros gostam disso, ficam contentes. Ela acredita que estão sendo usados. Sonha repetidamente com o chefe. Ora ele conversa com acadêmicos que ela estima muito, ora possui o cabelo de Einstein, outra hora recebe o Prêmio Nobel de Management. Ela se aborrece. O que significa isso? Um colega de trabalho mata a charada: "O chefe é mais do que você imagina. Você sempre diz que ele é burro..."

Alguns sonhos simplesmente falam por si.

O sonho sobre a infidelidade: Meu marido tem uma amante...

O sonho da infidelidade é sonhado com frequência – a partir dos mais diversos elencos. Uma mulher de 50 anos sonha:

> Ela vê o seu marido envolvido em um abraço amoroso com outra mulher. Fica chocada no sonho: ele tem uma amante! Acorda, mas não consegue se livrar de sua desconfiança. Ele tem uma amante?

Naturalmente jamais podemos assegurar que o parceiro não tenha uma amante. A desconfiança permanece, mesmo quando a mulher confronta o seu marido na mesma noite com o sonho e este pergunta de modo amável, porém indignado: "que deslize foi esse que tive no sonho!?" Naturalmente os homens também têm

Sonhos 211

estes sonhos. Sonhos sobre a infidelidade desencadeiam reflexões e sentimentos a respeito da temática da separação: o medo da separação, talvez também o desejo de separação que não queremos assumir para nós mesmos. A separação então acaba sendo realizada, pelo menos no sonho, pelo parceiro ou pela parceira.

Estes sonhos se tornam férteis quando consideramos a amante em nível do sujeito: Quando perguntamos de que modo é percebida a amante, deparamo-nos frequentemente com fantasias um tanto coerentes. A amante, enquanto possível rival, tende a ser desvalorizada.

Quem era a amante no sonho em questão? Uma mulher mais jovem, com jeito de menino, máscula, de algum modo selvagem. Não era nem um pouco bonita, não usava nenhuma maquiagem, claro – de algum modo era fascinante, mas mesmo assim uma pessoa terrível. Quando a paciente se questiona se o seu marido poderia amar uma mulher assim, lembra que ele gostaria de ter uma mulher um pouco menos "feminina". O que significaria isso? A sonhadora responde: "Ele acha exagerada toda essa minha preocupação com a maquiagem, com as roupas adequadas, com o meu cabelo. Comigo simplesmente não é possível fazer um passeio de bicicleta. Mas fui educada a ser uma dama, sei que hoje isso quase não existe mais". Quando perguntei se houve um tempo onde ainda pôde ser selvagem sem precisar ser como uma dama, ela respondeu que foi uma menina bem selvagem, que andava sempre com os meninos. Mas quando fez 13 anos, os pais teriam decidido que estava na hora de ela se tornar mais feminina. Essa conversa sobre o sonho a deixou pensativa.

Através desse sonho reencontrou memórias a respeito de uma época de sua vida que considerava sem importância e que imaginava muito longe. Seu marido, entretanto, seria capaz de amar um lado seu que descende dessa menina selvagem. E seria igualmente

O conflito no relacionamento e a constelação-do-complexo

No nível do objeto encontramos facilmente um conflito relacional importante, quando em seguida interpretamos o sonho em nível do sujeito encontramos a constelação-do-complexo que se encontra por trás e gera o conflito relacional.

Uma mulher de 32 anos sonha:

> Visito o meu namorado. Ele me diz de modo reservado e formal que deseja me ver apenas com hora marcada – e de preferência com pouca frequência. Me sinto triste, desprotegida, abandonada e solitária. Acordo infeliz.

Não consegue imaginar que o sonho deseja dizer-lhe que seu namorado quer se separar dela. Pelo contrário, seu namorado insiste que eles se encontrem com mais frequência, gostaria de dividir um apartamento com ela.

Continuamos procurando: após uma longa reflexão ela se lembra que o médico que consultou em função de diversas queixas e que a aconselhou a fazer uma psicoterapia lhe disse que daqui em diante se viriam menos. Disse isso de forma amável, não reservada. Além disso ela nunca procurou seu médico sem hora marcada.

O sonho configura um nítido conflito relacional: Quando procuro ativamente pelo relacionamento, quando vivo as minhas necessidades relacionais sou rejeitada, me colocam no meu lugar. Sua conclusão: eu sempre atrapalho. Este conflito relacional é transferido para vários relacionamentos seus: não ousa visitar o seu namorado de surpresa, algo que ele gostaria muito conforme sempre diz. Este conflito relacional é igualmente transferido para a relação terapêutica. Não se permite criar vínculos quando este tipo

Sonhos   213

de experiência de vínculo seria muito importante para ela. Pergunta, no meio da sessão, se poderia falar de mais outro problema. Ou então: "A senhora prefere não me ver hoje, certamente atrapalho algo importante". A interpretação do sonho em nível do objeto nos leva a perceber claramente este conflito relacional e a nomeá-lo dentro das diversas constelações relacionais. Na verdade deseja estabelecer relacionamentos, mas sente tanto medo de ser rejeitada que prefere recolher-se antes.

No caso da interpretação em nível do sujeito, nos deparamos quase por acaso com um episódio-do-complexo: seu pai era muito ocupado e tinha pouco tempo para os filhos. Por isso introduziu um horário de consulta para as crianças, dez minutos ao dia. Em um primeiro momento a sonhadora relatou este fato com orgulho. Relatou igualmente que a mãe estava sempre presente, mas que o tempo com o pai era tão mais precioso e atraente – o fato de este homem ocupado ter tido tempo... Por vezes ele estava internamente ausente, nessas horas ela tinha o sentimento de estar atrapalhando. Essa situação a ocupou bastante; agora de repente foi capaz de enxergar o outro lado: de fato o pai muitas vezes lhe passava a sensação de que o estava atrapalhando, apesar de ele ter "marcado uma hora" com ela.

Falou de sua solidão, do quanto ansiava por estes dez minutos, que tinha desejos imensos como, por exemplo, que o pai lhe desse mais dez minutos a sós, que ele a colocasse no colo uma única vez. Estes desejos de contato não foram realizados, tornaram-se cada vez mais insistentes e desse modo nasceu um sentimento de não poder exigir nada de ninguém, nem mudar esta situação. Tornou-se assim exigente de modo não exigente: Sentimos o intenso desejo de contato que ela mesma não se permite. Enquanto receptores desse desejo temos frequentemente a impressão de não fazer a coisa certa.

O sonho revela para ela: ela é rejeitada, a sua suspeita está correta. Mas percebe que não é isso que ocorre na realidade. Nem o médico, nem o namorado, nem eu enquanto terapeuta a rejeitamos. Toma consciência de que projeta a rejeição que tanto teme nos outros e que se submete a sua projeção. Desse modo permanece sozinha e infeliz mesmo quando poderia estar em um relacionamento. O sonho, entretanto, não é apenas uma variante deste episódio-do-complexo; no sonho a sonhadora apresenta um comportamento diferenciado no âmbito deste episódio-do-complexo: assume o seu desejo de contato, visita o seu namorado. Em seguida o velho medo toma novamente conta dela.

A meu ver, este sonho revela claramente o quanto os aspectos da interpretação em nível do objeto e aqueles que ocorrem em nível do sujeito estão entrelaçados e que a interpretação sempre se refere também à relação analítica na qual o sonho é sonhado e interpretado.

O episódio-do-complexo evidencia a direção do desenvolvimento: aponta para as situações onde existem exigências justas, para aquelas onde estas exigências talvez possam estar sendo negadas, algo que pode entristecê-la. Aponta que esta negação ocorre em função de razões que muitas vezes não têm nada a ver com ela; por vezes, porém, sim. Foi muito importante diferenciar estes diversos aspectos uns dos outros. Mas foi igualmente relevante reconhecer que existe o desejo por um vínculo, que este desejo não é tão exagerado assim e que, caso o seja, o namorado e a terapeuta saberiam lidar com isso.

O sonho entre o analisando e a analista

A pergunta a respeito da razão de um determinado sonho ter ocorrido justamente agora naturalmente também vale para *a* situ-

Sonhos

ação terapêutica na qual se trabalha com os sonhos. Além da pergunta sobre o que o sonho significa para o analisando, configura-se sempre a pergunta sobre o significado do sonho para o processo terapêutico.

Existem os "sonhos quase clássicos de análise" durante os quais acontecem muitas coisas estranhas: estamos com o analista e de repente a sala se encontra repleta de outras pessoas ou então a analista ainda está ocupada com outra pessoa e nos deixa esperar durante horas. Chegamos para a nossa sessão de análise e o nosso analista não está presente, é substituído por uma pessoa estranha da qual temos muita desconfiança. A analista cozinha e não respeita o gosto da analisanda, ou ainda pior: o analista está sentado em sua poltrona e lê ou toca jazz ou então a analista está em um outro quarto recebendo visitas célebres e não pode trabalhar em hipótese alguma.

Este tipo de sonho aponta para distúrbios fantasiosos ou concretos da relação analítica. Sendo assim, esta deveria ser questionada neste sentido. Frequentemente podemos perceber aqui igualmente conflitos relacionais típicos através de episódios-do-complexo. Temáticas como o ciúme entre irmãos e o sentimento de sermos sempre prejudicados revelam-se com frequência nestes sonhos. Estes sonhos, entretanto, oferecem indícios valiosos para a analista ou o analista. Quando a analista cozinha refeições criativas que não estão nem um pouco de acordo com o gosto da analisanda, aquela precisa se questionar se deseja ser exageradamente imaginativa, nutritiva e cuidadora nesta terapia.

Karl, um homem de 26 anos, sonha:

> Tenho uma sessão terapêutica com a senhora Kast. O seu consultório é bem maior do que lembrava. Não aguardo na sala de espera, e sim, no consultório. A analista se encontra sentada no chão, está desenhando com

um menino de mais ou menos dez anos. Procuro chamar a atenção deles, pois afinal de contas é a minha sessão. Os dois, entretanto, estão tão imersos no que fazem que não me notam. Fico muito aborrecido. Acordo em função deste sentimento.

"Fiquei muito aborrecido durante este sonho", é o que diz no início da sessão seguinte. Peço que imagine o sonho mais uma vez. O sonho se torna ainda mais intenso: eu estivera sentada com muito prazer no chão junto do menino de dez anos e estivéramos pintando com muita devoção – excluindo-o, ignorando-o simplesmente. Karl foi pouco percebido quando criança e consequentemente se sentia facilmente ignorado. Projetava este complexo com facilidade nos outros.

Peço que descreva este menino de dez anos para mim. "Um menino meio atrasado, precisa de terapia – está certo. E não deve saber falar muito bem, precisa pintar os seus sentimentos, mas não na minha sessão!" Seria capaz de perceber esse menino como parte sua? Procuro deslocar o sonho que está sendo considerado no nível do objeto para o nível do sujeito. É capaz sim. Também não sabe expressar bem os seus sentimentos, por isso, por vezes pintamos ou procuramos pelas formulações adequadas até que a expressão esteja de acordo com o sentimento. Mas parece que me dediquei por tempo demasiado ou com um excesso de intensidade a este lado. Comuniquei a minha percepção a Karl. Quem sabe enxerguei apenas este lado. Karl reflete sobre o mesmo: "Faz sentido, mas soa falso". E o que soaria mais autêntico? "Preciso reconhecer que este menino de dez anos existe e que ele realmente necessita de terapia. Quando pintamos, sempre acho que é apenas uma brincadeira. Mas não pintamos apenas, em seguida tentamos nomear os meus sentimentos e por vezes já tenho bastante êxito nesse sentido no dia a dia. Consigo falar de forma amável que estou aborrecido naquele momento, e isso me faz muito bem."

Sonhos

O sonhador tem a autoridade quando se trata da compreensão do sonho. Mesmo assim eu me propus a não enxergar no caso de Karl apenas o menino necessitado de terapia, mas também o homem adulto com as suas competências e necessidades.

Esses sonhos, em princípio banais, sobre a situação analítica trazem informações importantes sobre a terapia. Entretanto, seria errado concluir em função da crítica em relação à terapeuta ou ao terapeuta que esta ou este fracassou – algo que desemboca facilmente em uma defesa. É de extrema importância nomear os padrões relacionais da ordem-do-complexo que precisam se constelar nas situações terapêuticas para que possam ser trabalhadas. Somente depois surge a pergunta para o analista se o sonho em questão o incita a assumir outro tipo de perspectiva.

Sonhos nos quais a analista não aparece

Em princípio podemos relacionar qualquer sonho que ocorre dentro da situação terapêutica igualmente com a relação terapêutica. Porém, não o faremos exclusivamente, pois o sonho não diz apenas algo sobre a relação terapêutica, e sim, também, sobre conflitos, resoluções de conflitos, novas possibilidades de desenvolvimento etc.

Uma mulher de 42 anos sonha cerca de um ano após ter iniciado uma psicoterapia de base analítica:

> Estou viajando, não sei onde estou, estou desorientada. Ando ao longo de águas, talvez um lago ou o mar. De repente surgem ondas grandes, ondas cada vez maiores e o vento quase me leva. A tempestade torna-se um tufão, me refugio em um café na beira da praia, mas as ondas ou o vento derrubam um dos postes e o telhado vai cair. Saio correndo, fico agachada por trás de uma pedra grande e protejo a minha cabeça – coi-

sas diversas voam pelo ar. Procuro me enfiar de um modo entre as pedras para que o meu corpo fique re lativamente protegido. Lembro-me de que toda tempestade um dia passa.

Quando a sonhadora revive o sonho através da imaginação, ela constata que é capaz de se proteger. Por trás das pedras e entre as pedras ela se sente segura. Ao mesmo tempo está horrorizada com a força da tempestade e constata que o café na beira da praia não lhe oferece mais proteção. Adora ficar sentada em cafés na beira da praia para relaxar de sua profissão que é muito exigente. Mas o café na beira da praia não lhe proporciona mais isso. Relaciona a tempestade com os rompantes do seu afeto: provavelmente, é o que pensa, engoliu novamente por tempo demais a sua ira e o sonho a alerta perante a possibilidade de novamente "botar para quebrar". Ela está identificada com a tempestade desse sonho. Mas esta se torna perigosa, precisa proteger-se da mesma, quer dizer, dissolver esta identificação. Ao longo do trabalho com o sonho ela encontra situações concretas nas quais teria vontade de "esbravejar de tal forma que tudo saísse voando". Reflete se é possível achar estratégias melhores para elaboração dos conflitos e se deseja aplicá-las.

Neste sonho a terapeuta não aparece, mesmo assim o sonho pode lançar luz sobre a situação terapêutica. O surgimento de tempestades pode igualmente anunciar situações muito intensas. Refletimos juntas sobre este aspecto. Primeiro rimos, já passamos por várias tempestades juntas e a última frase poderia provir dessa experiência: "até hoje toda tempestade uma hora passou". O desejo da sonhadora: "Seria amável de sua parte se a senhora ainda pudesse erguer algumas pedras grandes para que me apoiassem". Desse modo a sonhadora expressa que espera mais prote-

Sonhos

ção de minha parte para futuras tempestades que talvez expressem bem mais do que os seus rompantes.

A transferência/contratransferência colusiva e o sonho

Devido ao fato de o episódio-do-complexo configurar o confronto de no míninmo duas pessoas, o episódio-do-complexo pode se cindir facilmente em duas partes quando constelado na situação analítica. Desse modo torna-se possível que o analista passa a se comportar subitamente como a pessoa de referência do episódio-do-complexo, isto é, representa uma pessoa de referência da infância e a analisanda se comporta assim como a criança presente nesta época. Naturalmente esta situação torna-se uma situação-do-complexo, envolvendo possivelmente complexos do analista e da analista. A história relacional se repete, sem que, em um primeiro momento, haja a possibilidade de uma modificação. O que se segue é uma cisão colusiva do complexo: o comportamento de um condiciona o comportamento do outro e o comportamento é estabelecido através do episódio-do-complexo. Porém, pode acontecer também que o analista ou a analista se encontrem na posição da criança do episódio-do-complexo e o analisando ou a analisanda na posição da pessoa de referência, sem que ambos o percebam. Tendemos a considerar esta divisão de papéis um tanto incomum na situação terapêutica, mas talvez ela não o seja.

A cisão colusiva corresponde a uma situação específica de transferência e contratransferência, cujo reconhecimento se torna muito importante para o prosseguimento da terapia. Quando temos êxito em nos identificar com os dois polos do complexo e formular e comunicar as emoções, fantasias e comportamentos atrelados a estes, o complexo se torna mais consciente. A energia que se encontra atrelada ao complexo na forma de emoções pode ser conduzida para o complexo do Eu; assim ações cotidianas são modificadas e configurações simbólicas que se encontram fora do âmbito do complexo, que não são necessariamente conflituosas, e sim geram novos interesses podem se formar. Esta situação limitante de transferência-contratransferência deixa de ser efetiva. O conceito da cisão colusiva, entretanto, sugere que a libertação em relação a este âmbito não é tão simples assim, que a constelação-do-complexo de um decreta de modo forçoso a constelação-do-complexo do outro. Há, porém, um momento propício – provavelmente em função do ou da analista se tornar empático nessa situação difícil – que permite que um certo distanciamento em relação à ação do complexo possibilite uma reação que não seja da ordem-do-complexo. Ingrid Riedel provou em 1989 através de uma série de imagens de uma analisanda a dinâmica de uma cisão colusiva e a superação da mesma[42].

Quando não é possível reconhecer tal constelação colusiva do complexo, há o grande perigo de que a terapia estagne em um clima de ataques mútuos, repreensões e decepções. A possibilidade de uma cisão colusiva dos complexos aponta para o conceito do "inconsciente compartilhado" entre a analista e o analisando, para um campo inconsciente onde os complexos de ambos interagem[43].

A cisão colusiva, de modo simbólico, no sonho

Hans, um homem de 42 anos, percebia o seu pai como alguém que o desvalorizava muito e também os outros. O pai transmite – segundo a sua percepção – a todos que encontra a expe-

---

42. RIEDEL, Ingrid. Symbol Formation in the Analytic Relationship. In: MATOON, Mary Ann (org.). *Congress Proceedings*. Einsiedeln: Iaap Daimon, 1991, p. 55-72.

43. Cf. KAST, Verena. A Concept of Participation. In: STEIN, Murray (org.). *The interactive Field in Analysis*. Wilmete, Ill.: Chiron, 1996, p. 36-61 [The Clinical Series].

Sonhos

riência da irrelevância. Quando criança, Hans sofria muito em função disso. O pai não lhe transmitia apenas o sentimento de ser inábil e tolo, e sim, expressava constantemente a sua decepção por ter um filho tão "irrelevante". Lembrou de vários episódios-do-complexo que comprovavam essa experiência e que inclusive geravam consequências na vida cotidiana, principalmente no trato com os colegas de trabalho, também com superiores e na relação analítica. Relata tais episódios-do-complexo da seguinte maneira:

> Tenho mais ou menos seis anos, pouco antes de eu entrar na escola. Fiz um desenho grande e bonito, me esforcei muito e tive certeza de que meu pai ficaria contente. Alguma hora ele olhou o desenho, era um desenho com muitas casas. Naturalmente ainda não consegui acertar a questão da perspectiva. O pai: "Mas que garatuja é essa? Que perda de tempo! Está tudo errado!" Pegou uma caneta vermelha e começou a corrigir o meu desenho, enquanto isso suspirava e gemia. Me escondi debaixo da mesa. Parei de desenhar, na escola, entretanto, tive que desenhar e o fazia bem. Apenas aos 24 anos, quando encontrei a minha esposa que é pintora, voltei a desenhar. Tomo muito cuidado para que meu pai não veja nenhum desenho meu. Mas naturalmente sempre o ouço falar quando desenho...

Neste episódio-do-complexo, que representa também os outros, torna-se claro que o pai é capaz apenas de criticar o filho que deseja presenteá-lo. Não tem nenhuma compreensão em relação ao filho e nenhum respeito e exige algo que não está de acordo com o estágio do desenvolvimento da criança. Ao invés da alegria, a criança experimenta o desprezo do pai e se esconde.

Hans encontrava-se conscientemente identificado com a criança deste episódio-do-complexo: encontrou diversas situações onde era desvalorizado principalmente por homens que lhe passavam uma sensação de irrelevância. Devido ao fato, entretanto, de o complexo ser internalizado como um todo[44], surge a pergunta: Como ele mesmo lida consigo? Pode perfeitamente lidar consigo conforme seu pai o fez: pode se desvalorizar e tornar tudo o que faz irrelevante. É igualmente possível que ele se comporte da mesma forma em relação a outras pessoas. Sonhou o seguinte:

> Vejo uma paisagem muito ressecada. Pode ser na Espanha, não é exatamente um deserto. Parece que é alto verão. Então vejo um falcão voando em círculos no céu, ele se lança em direção à terra, pois lá embaixo há um rato. Mas ele não consegue apanhá-lo: antes de conseguir pegá-lo o rato some dentro de um buraco. Fico contente.

Hans fala de sua alegria, de sua satisfação maliciosa de este pássaro lindo não ter conseguido apanhar o rato. Associa o falcão ao seu pai, o rato a si mesmo. "Na verdade fui apenas um espectador. Não tinha nada a ver com isso. Mas talvez sim." O pai sempre quis "pegá-lo" fazendo algo passível de ser criticado. Conseguiu fazê-lo diversas vezes, mas não totalmente. O sonho o fez pensar. Compreendeu a paisagem ressecada como uma imagem para sua psique. A ideia de que o sonho seria seu como um todo, de que ele seria tanto o falcão como também o rato, agradava-lhe intelectualmente, mas esta interpretação não lhe alcançava em termos emocionais. Neste sonho o episódio-do-complexo encontra-se configurado a partir de uma forma simbólica. Isso gera um pouco mais de distância do que quando falamos diretamente do episódio-do-complexo e o ajuda a se identificar igualmente com o aspecto positivo

---

44. Cf. KAST, Verena. *Schlüssel zu den Lebensthemen* – Konflikte anders sehen (1990). Friburgo: Herder, 1999, p. 36ss.

Sonhos

do pai: apesar do falcão ser um predador, o sonhador o descreve como "lindo" e reflete sobre o mesmo.

Pouco tempo depois, ele retorna para este sonho durante uma sessão de análise: "Refleti: o falcão é a senhora, eu sou o rato. A senhora está só esperando para me apanhar". "Apanhar como?" "Não vou lhe fornecer os meios para me destruir." O episódio-do-complexo então se constelou através desta forma simbólica na situação analítica. Isto é de se esperar e nos dar a oportunidade de trabalhar com a constelação-do-complexo. Esta, entretanto, se cinde de modo colusivo: ele afirma que eu assumo o papel do falcão e ele o do rato – isto está de acordo com o episódio-do-complexo. Independentemente sobre o que falávamos, ele sempre apontava que eu estava ocupando o papel do falcão. Passei a me sentir cada vez mais no papel do rato, pois na realidade ele tentava apanhar-me. O que, entretanto, era estranho – e é esta a natureza da transferência-contratransferência colusiva – é que ambos não conseguíamos nos libertar deste padrão comportamental. Após a sessão com ele, eu voltava a percebê-lo novamente de forma diferenciada e não apenas no sentido deste episódio-do-complexo.

Naturalmente trabalhamos com este episódio-do-complexo, mas a transferência-contratransferência colusiva dissolveu-se apenas quando ele me disse que me procurou porque achava que eu era uma boa analista. Respondi secamente que um dia já achei que o fosse. Isto desfez a tensão, pude concentrar-me nas imagens internas e o via a partir de uma imagem contratransferencial como um menino muito solitário no meio de uma paisagem erma, rodeado por algumas figuras grandes que o bombardeavam com palavras – e ele diminuindo cada vez mais. Descrevi a imagem para ele e lhe disse que na sessão passada me senti assim como este menino. Reconstruímos juntos os sentimentos deste pequeno menino. Hans desenvolveu a ideia de que já que vai ser mesmo engolido pelo chão então antes espetará o calcanhar dessas figuras grandes com uma agulha... Agora nos encontrávamos novamente juntos, pudemos olhar juntos para esta imagem. Hans tomou consciência de que ficou feliz quando percebeu que eu estava sem recursos. Agora pôde sentir o quanto também estava identificado com o pai no episódio-do-complexo. Ficou envergonhado. Remeti-me ao sonho com o falcão.

Agora este sonho adquiriu um significado totalmente diferente. Primeiramente Hans ficou simplesmente feliz por não ser apenas um rato, mas também um falcão. O que estava em primeiro plano não era tanto a caça, e sim, o sentimento de liberdade de voar para onde desejava – a favor do vento ou contra o vento. Os sentimentos de liberdade e força estavam em primeiro plano, mas também a alegria de poder ver tudo, de ter uma visão ampla. Quando se identificou de modo imaginativo com o rato, gostou principalmente da possibilidade de poder sumir a qualquer momento. Mas na verdade não se sentia muito atraído pelo rato. Este, disse ele, não chegava aos pés do falcão, mas era capaz de sentir o perigo.

O falcão e o rato são igualmente imagens arquetípicas, possuem um significado na história de cultura. O falcão, que enquanto pássaro voa no alto do céu, vale igualmente como um símbolo dos deuses que se encontram associados ao sol, como Hórus e Apolo. Deste modo, devemos compreendê-lo no âmbito do eterno ciclo de vida e morte. Enquanto pássaros selvagens e não domesticados os falcões representam igualmente a capacidade humana de seguir um objetivo de forma persistente.

O rato era, segundo a mitologia egípcia, sagrado para Hórus. Isis, mãe de Hórus, era capaz de fugir de Set, deus do deserto, quando se transformava em rato[45]. Na mitologia grega o rato é sa-

---

45. Cf. DE VRIES, Ad. *Dictionary of Symbols and Imagenery.* Amsterdam: North Holland, 1974, p. 330.

Sonhos

grado para Apolo. Representa, entre outras qualidades, a fertilidade associada às deusas felinas. À medida que a grande mãe passou a ser considerada diabólica o rato tornou-se igualmente um animal diabólico. Passou a ser visto como algo que se locomove por debaixo da terra, corrói o que encontra pela frente e por isso também o associamos frequentemente à consciência pesada que nos corrói principalmente à noite. Estas e outras amplificações foram trazidas em parte por Hans em parte por mim. Durante este processo tornou-se importante para o sonhador que o céu e o submundo, a vida e a morte, o ato de ver e o ato de sentir faziam parte de um todo. Refletiu igualmente sobre a questão de se os dois animais também representavam o pai e a mãe. O pai que pode se movimentar tal como um belo pássaro livre, pois a mãe que sempre se esconde em um pequeno buraco de rato não se opõe.

A interpretação no nível arquetípico encontra-se sempre relacionada em nível pessoal. Além disso, não gera simplesmente uma interpretação única e clara, e sim, gera muitas fantasias. Devido ao fato de o sonho não ser simplesmente compreendido como um símbolo do episódio-do-complexo, apesar de também sê-lo, Hans teve a possibilidade de desenvolver novas fantasias que antes se encontravam atadas ao episódio-do-complexo. Deste modo tomou consciência do quanto desejava ser soberano, de não precisar questionar-se constantemente a respeito de sua relevância e do quanto gostaria de desenvolver um sentimento de autonomia.

Sonhos arquetípicos: transferência e contratransferência

Após um ano de análise Edgar (35), que sofria de depressão e não conseguia estabelecer nenhum tipo de relacionamento, sonhou com Hermes. Entusiasmou-se muito com o seu sonho e estava muito orgulhoso:

Estou tocando violão do lado de fora, de algum modo próximo a minha casa, mas ao mesmo tempo lá longe no meio de um campo amplo, em cima de uma colina. De repente vejo um belo homem diante de mim, com sapatos alados e um bastão dourado. Ele me pergunta: "Por que você está sempre no mesmo lugar?" Não sei responder. Isso me deixa muito preocupado. Ele quer uma resposta e eu não sei responder. Em seguida acordo.

Continua relatando: "Apenas quando acordei tomei consciência de que sonhei com Hermes, o mensageiro divino. Estava claro, porque apenas ele possui este tipo de sapato, pois precisa interligar o mundo com o submundo. Acho que sabe voar. E com este bastão ele traz, na qualidade de deus do sono, os sonhos para os humanos. Por isso é tão desconfortável o fato de eu não saber a resposta: Por que me encontro sempre no mesmo lugar? Estou realmente no mesmo lugar?"

O sonho o fascinou. Lê sobre Hermes o mensageiro divino em livros de mitologia. É o deus dos andarilhos, dos comerciantes, dos ladrões, dos intelectuais, dos hermeneutas, o deus que une o céu e o submundo, o deus que está sempre em movimento. Desfruta da sensação de ter sonhado com este deus, de ter um parentesco com este deus. Desenha o deus, toca música para ele, a fascinação diminuiu. Ele tenta mantê-la viva. "Caso a senhora fosse Hermes, o que me diria? "Indico que Hermes já fez uma pergunta no sonho que talvez ainda precisasse ser respondida. Ele não quer ouvir esta pergunta agora: "Uma outra pergunta, pois não estou mais no mesmo momento psíquico do que quando tive este sonho. Hermes me mudou completamente. A senhora deve ser capaz de fazer perguntas tal como Hermes, a senhora também é um pouco como Hermes. Jamais poderia ter sonhado com Hermes se não tivesse aprendido com a senhora a estar atento ao fluxo de mi-

Sonhos

nhas emoções, a ser criativo". Comento: "Alegra-me o fato de o nosso trabalho despertar estes sentimentos e imagens no senhor". E ele: "Mas quero que a senhora agora seja Hermes para mim, não totalmente, porém mais do que a senhora o é agora. Pergunta chata essa que já não consegui responder no sonho!"

É possível que a manifestação desta figura arquetípica que é Hermes, que une tantos aspectos da mitologia, que é um deus das passagens – e deste modo também um deus da criação – tenha se tornado possível em função da relação e do trabalho analítico. Mas agora deseja que eu me identifique com este deus e que, identificada com este, formule perguntas "divinas". Certamente ele tem razão quando diz que se modificou através da fascinação por Hermes e dos processos criativos: ele se tornou mais ágil, mas não concretamente na vida cotidiana, e sim, primeiramente na fantasia. Estes sonhos arquetípicos, porém, precisam igualmente fazer um efeito na vida cotidiana. A fascinação cede naturalmente quando as fantasias atreladas a ela são configuradas. Agora projetou claramente esta figura em mim. Caso me identificasse com Hermes, encenaríamos juntos uma história da ordem da fantasia relativamente desconectada da realidade. Deste modo os seus problemas cotidianos, seu medo de mudar não seriam mais trabalhados.

Evidentemente é um pouco sedutor quando os analisandos de repente nos veem como um deus tão atraente. Mas não sou Hermes, mesmo que eu tenha algumas características de Hermes. Pelo trabalho analítico constituir em certa medida um trabalho hermenêutico profundo, ele também ocorre no campo arquetípico de Hermes. A repetição da pergunta áspera que Hermes fez ao paciente constituía para mim naquele momento *a* pergunta de Hermes, a pergunta mais importante que poderia promover a mudança. Tentei explicar o mesmo para ele. Através da experiência com esta figura arquetípica seria possível ele se voltar realmente para os problemas fundamentais de sua vida. Além disso, esta figura pertenceria a ele, pois tomou forma em sua alma, talvez graças ao nosso trabalho – algo que me alegra bastante e deste modo muitas coisas começaram a fluir. No primeiro momento ele ficou triste, pois segundo a sua percepção eu não era capaz de me identificar realmente com minhas qualidades de Hermes e deste modo eu o lançava de volta para o trabalho árduo do cotidiano. Eu também não estava muito segura, talvez tivesse diminuído demasiadamente o seu ímpeto. Em seguida conheceu uma mulher, pela primeira vez na vida assumiu um relacionamento, Hermes passou para o segundo plano.

A relação terapêutica possibilita estas imagens arquetípicas e estas precisam ser projetadas. O analista precisa lidar de modo muito cuidadoso com esta projeção – não deve forçá-la nem impedi-la e não deve se identificar com a mesma, mas mesmo assim se alegrar que o seu trabalho possibilite a experiência destas imagens. No momento certo – e este por vezes nos é sinalizado através de um sonho como aconteceu no caso em questão – estas imagens precisam ser devolvidas. Pertencem ao sonhador e à sonhadora e à medida que são imaginadas e configuradas tornam-se cada vez mais as suas próprias imagens com as quais podem relacionar-se sempre. São grandes recursos.

A ressonância arquetípica: um estímulo para o trabalho com símbolos arquetípicos

Os símbolos arquetípicos são transmitidos através dos complexos[46], o que significa que estão relacionados aos nossos confli-

---

46. Cf. JUNG, Carl Gustav. *Synchronizität als Prinzip akausaler Zusammenhänge* [OC, 8, par. 856].

Sonhos

tos típicos que constituem os pontos-chave e também o foco de nosso desenvolvimento psíquico. Através dos complexos as temáticas mais centrais de nossa vida estagnaram, tornando-se temáticas centrais de nosso sofrimento. Estes complexos nos tornam receptivos para as temáticas arquetípicas que constituem a sua base. Por essa razão também não trabalhamos simplesmente com os símbolos arquetípicos, e sim, interconectamos primeiramente os símbolos pessoais observando em seguida a sua ressonância com os símbolos arquetípicos. A experiência desta ressonância transforma a disposição afetiva e abre novas perspectivas: temáticas centrais da vida são despertadas, o que envolve na maior parte das vezes também a experiência de sentido. Porém, as temáticas novas não são apreendidas somente de forma cognitiva, há também uma grande motivação emocional de investigá-las. Algo "toma conta" de nós, uma intencionalidade nova se revela através de novos caminhos que de repente se tornam possíveis. Podemos, entretanto, experimentar igualmente uma nova intensidade, a vida perdeu o seu gosto insípido, estamos cheios de vida e transmitimos esse sentimento também para os outros.

Ressonância significa "re-soar". Sons são vibrações e por isso a ideia de "soar com" significa que as vibrações se comunicam entre si que e que podemos vibrar com os outros. Precisamos apenas encontrar as imagens arquetípicas com as quais é possível vibrarmos. Aquele que tem familiaridade com mitos e contos possui um grande reservatório de imagens com as quais é possível vibrar a sua disposição, partindo naturalmente do pressuposto que permite a si mesmo ser afetado emocionalmente por estas imagens.

A libertação do complexo paterno – uma vinheta clínica

Uma mulher de 44 anos, a chamo de Lili, se percebe ainda bastante ligada ao pai. Isso se revela a partir do fato de ela telefonar diariamente para seu pai, perguntando-lhe como deveria resolver problemas de sua vida profissional, apesar de o pai ter tido uma profissão totalmente diferente. Pensa igual a seu pai, possui a mesma visão política que o pai. Nas férias viaja com o pai e deixa o seu marido em casa com os filhos. Não compreende por que o marido se queixa. Afinal de contas seu pai é seu pai, um homem idoso que não tem ninguém além dela.

Esse vínculo com o pai, entretanto, também se manifesta de forma intrapsíquica: o complexo paterno[47] é dominante, muitos episódios-do-complexo determinam a sua autopercepção e sua autoestima. Sempre foi e continua sendo a princesinha do pai. Mesmo que não realize nada de especial, ela se considera "genial": seu pai a considerava genial quando criança. Mais tarde ela não evidenciava sinais reais de uma genialidade, conforme assume abertamente, mas no fundo ainda se julga genial. Seu pai estava maravilhado com a sua beleza. Ela continua achando a sua beleza arrebatadora e se zanga, pois seu marido a aconselha a comer um pouco menos, pois ela está ficando gorda. Esses episódios-do-complexo e os seus efeitos para a vida posterior não são questionados, pois ela não sofreu como normalmente ocorre no caso de episódios-do-complexo. Tudo foi e é bom. Mas mesmo assim se trata de episódios-do-complexo, pois ela continua presa a estes padrões de desenvolvimento, não consegue desenvolver-se de acordo com a sua idade.

Porém, não é apenas o seu pai que é muito dominante em sua vida, a imagem do pai é projetada geralmente em homens mais velhos. Em sua vida profissional pede que os homens mais velhos a aconselhem – eles gostam de fazê-lo –, mas no final ela não fica satisfeita.

---

47. Cf. KAST, Verena. *Vater-Töchter, Mutter-Söhne*: Wege zur eigenen Identität aus Vater und Mutterkomplexen. Stuttgart: Kreuz, 1994, p. 169ss.

Procurou por uma terapia, pois suspeita cada vez mais que não vive a sua própria vida e que, ao invés disso, é "uma marionete" de homens mais velhos. Não uma marionete de seu parceiro; ele é quinze anos mais velho do que ela, mas com ele existem muitos conflitos. Ele se sente posto em último lugar, acredita que na realidade sua mulher esteja casada com seu pai e a repreende por isso. Ela, no entanto, crê que ele não é de longe tão afetuoso como seu pai e também não a admira assim como este. Seu pai pessoal permanece o pai bom, o parceiro o pai pior.

Mas agora está insatisfeita com sua vida. Sente-se presa, percebe que muitas de suas capacidades não foram realmente experimentadas. Quando suas amigas lhe relatam que experimentaram passar um final de semana inteiro sozinhas em algum lugar, fica horrorizada: como conseguem fazer algo assim! Como podem experimentar fazer algo assim tão idiota! Mas no fundo sente que gostaria de ter semelhante liberdade interna, mas não a tem. Segundo a sua percepção está perdendo energia, está sempre cansada, triste e o pai lhe repreende por não ser mais tão divertida como costumava ser.

"Quando olho para minha vida atual e sou tomada pelo medo. Sempre me senti bem com a minha vida, mas agora estou insegura, não sei como as coisas devem continuar e se serei capaz de enfrentar o resto de minha vida tão bem como a enfrentei no início. De algum modo tenho a impressão de que os homens mais velhos não podem mais me ajudar realmente." Foi o que Lili disse na primeira entrevista.

Não foi difícil encontrar os rastros dessa ligação com o pai e o efeito de seu complexo paterno. Foi difícil para Lili comportar-se de outra forma diante do pai concreto – de modo amável, porém colocando mais limites; era igualmente difícil para ela sentir as suas emoções em certas situações. Nessas horas ouvia o pai dizendo:

"Não faz sentido se aborrecer. Não adianta nada". Ou: "quem teria medo numa situação desta?" Não uma mulher tão competente como você." Tornou-se igualmente claro que seu pai controlava os seus próprios medos relacionados a sua idade avançada e ao enfraquecimento das funções vitais na medida em que enfatizava repetidamente que nada lhe aconteceria enquanto a filha permanecesse ao seu lado. Lili toma cada vez mais consciência da postura do pai e começa a ter muito medo. Sente-se presa. Passa a se perguntar a respeito de seus reais sentimentos em situações específicas, ao invés de perguntar que sentimentos o pai lhe prescreveria neste momento. O pai sente que ela está se afastando, passa a mimá-la cada vez mais, a convida para viagens que ela sempre quis fazer, ela o acompanha apesar de saber que está sendo comprada, que assim não é possível libertar-se da "carapaça de seu complexo".

Na 36ª sessão ela tem o seguinte sonho:

> Encontro-me dentro de uma caixa que parece um caixão, na beira de um rio. Não consigo me mover, não devo me mover. Do lado de fora se encontram muitos homens que estão a minha procura. É perigoso. Mas não posso ficar eternamente nessa caixa. Estranho: esta caixa é um caixão? Se não vier alguém e abrir a caixa permanecerei aqui para sempre. Trata-se de um sentimento misto: não é tão grave assim, mas mesmo assim tenho a sensação de que não posso sair do lugar.

Em seguida ela acrescenta: "Na verdade eu tive a esperança de que a senhora (a terapeuta) viesse e abrisse a caixa". Quando pergunto "e aí aconteceria o quê?", ela fica um pouco desnorteada. Compreende que deveria vir uma mulher para abrir a sua caixa e salvá-la dos homens que a perseguem. A imagem de estar presa na caixa tornou-se um símbolo importante para Lili. Compreendeu que servia como proteção contra os homens que se apodera-

Sonhos

vam com tanta facilidade dela. Percebeu igualmente que tornou-se mais reservada em relação ao pai. O pai a acusava de ter se tornado subitamente tão "ríspida" (*hölzern*)[48].

A ideia de que a caixa pudesse ser um caixão a preocupa muito. Sua mãe morreu aos 50 anos e Lili tinha medo de também morrer cedo, antes de ter vivido a sua vida. Mas não era um caixão. O sonho lhe trouxe recordações a respeito da mãe. A relação com sua mãe era sempre ofuscada por este "pai maravilhoso", isso lhe veio à memória. Quando a mãe não era comparada ao pai idealizado, era vista como uma mulher confiável que permanecia em segundo plano e se empenhava pela família para que "não houvesse atritos". Através dessa recordação, Lili foi capaz de um "reconhecimento tardio" de sua mãe, não a recordava mais apenas como uma "mulher sem cor".

A caixa, entretanto, permanecia um enigma. Lembrei novamente que Lili desejou que eu abrisse a caixa. Eu, por minha vez, tive a ideia de transportar a caixa para dentro do rio para que algo pudesse começar a fluir. A caixa poderia voltar para a margem em um lugar diferente. Lá a caixa talvez se abrisse ou alguém a abriria. Esta foi a minha fantasia contratransferencial. Então me lembrei de um conto de fada que narrei para Lili. Pedi que imaginasse o conto da forma mais viva possível.

Maria de madeira[49]

Era uma vez um rei que tinha uma bela mulher e uma bela filha com o nome de Maria. A rainha morreu quan-

---

48. Em alemão o adjetivo *hölzern* significa *feito de madeira*, porém é igualmente utilizado para descrever o comportamento ríspido e reservado de uma pessoa [N.T.].

49. Resumo meu.Versão na íntegra em KARLINGER, Felix (org.). *Italienische Volksmärchen*. Munique: Diedrichs, 1973, p. 63-70.

do a menina tinha 15 anos. No leito de morte o rei jurou não casar-se nunca mais. A rainha, entretanto, lhe deu um anel indicando que deveria casar-se somente com a mulher em cujo dedo coubesse o anel. Após um ano, a dor do rei diminuiu e ele passou a procurar por uma noiva. Mas o anel não servia a nenhuma mulher. Sendo assim, ele o colocou em uma gaveta. Parecia que simplesmente não deveria casar-se. Um dia a princesa vasculhou as gavetas da casa e encontrou o anel. Admirou-o e o colocou em seu dedo. Ele lhe serviu perfeitamente e não foi possível tirá-lo. Levou um belo de um susto. Fez um curativo em volta do dedo. O rei lhe perguntou o que havia acontecido. Cortei-me. Ele se deu por satisfeito. Porém, quando alguns dias depois ela continuava usando o curativo, ele desconfiou, obrigou-a a tirar o curativo. O rei viu o anel e disse: "precisas se tornar a minha mulher".

Maria assustou-se e fugiu. Pediu conselhos a sua ama. Esta lhe aconselhou a pedir ao rei um vestido de ouro, em cujo tecido estivessem estampadas todas as flores do mundo. Um vestido assim, pensou a ama, não existe. O criado mais fiel do rei, entretanto, viajou o mundo inteiro e por fim encontrou um judeu que possuía um vestido de ouro com todas as flores do mundo em sua loja de tecido.

O rei ficou muito alegre. Agora o casamento poderia acontecer em breve. Maria foi novamente até a ama que a aconselhou a pedir por um vestido de prata em cujo tecido estivessem estampados todos os peixes do mundo. O criado encontrou tal vestido igualmente na loja do judeu. Maria correu desesperadamente até a ama. Peça por um vestido de festa feito de veludo vermelho, todas as estrelas devem ser costuradas nele, es-

Sonhos

trelas feitas de pedras preciosas. E novamente o criado conseguiu obter um vestido assim.

O casamento devia ser daqui a oito dias. Neste meio tempo a ama fabricou um vestido de madeira para Maria que ia da cabeça aos pés e boiava na água. Maria disse ao rei que desejava tomar um banho antes do casamento. Ao invés disso amarrou duas pombas uma na outra. Colocou a primeira na banheira e a segunda do lado de fora. Quando batiam as asas faziam um barulho que se assemelhava a uma pessoa tomando banho. Maria, por sua vez, colocou o vestido dourado, o de prata, o de veludo e por cima de todos o de madeira e fugiu. O rei escutou o barulho no banheiro e não suspeitou de nada. Maria, entretanto, foi até o mar e nadou, nadou, nadou e finalmente chegou em um outro reino onde havia um príncipe pescando na beira da praia. Este lançou a sua vara de pesca e arrastou Maria de madeira até a praia. Quando perguntou "Quem és e de onde vens?" ela respondeu:

"Sou Maria de madeira
sou feita com orgulho
sou feita com engenho, sou feita com razão
viajo, viajo pelo mundo a fora"

O príncipe a tornou pastora de gansos. Aos domingos, quando ninguém via Maria de madeira, esta tirava o seu vestido de madeira e os gansos reconheciam e louvavam a princesa. Um dia ela encontrou com o príncipe que estava indo a um baile. Perguntou se a levaria consigo, mas ele respondeu, em forma de versos, que seu passo era pesado demais. Mal ele saiu, ela vestiu o vestido dourado e assim se tornou a mais bela do baile. Quando o príncipe lhe perguntou quem era ela, ela respondeu: "a condessa do passo pesado". Ele a presenteou com um alfinete dourado que ela pregou nos cabelos. Em seguida fugiu.

Na noite seguinte o príncipe se aprontou novamente para o baile. Maria de madeira perguntou mais uma vez se ele a levaria consigo. Ele lhe deu uma pancada rude com o tenaz de ferro, aborrecido, pois a bela moça havia escapado. Maria vestiu o vestido prateado com todos os peixes do mar. O príncipe ficou encantado e perguntou novamente quem era ela. "Sou a baronesa tenaz de ferro". O príncipe dançou longamente com ela e em seguida a presenteou com um anel de brilhantes, mas Maria fugiu outra vez.

O príncipe estava muito apaixonado e desejava ardentemente que a noite chegasse. Quando Maria apareceu deu-lhe uma pancada nas costas com as rédeas do cavalo. Ela foi até o galinheiro e vestiu o vestido de veludo vermelho com as pedras preciosas. O príncipe estava fora de si de tanto amor. "Me diga logo o seu nome, nobre senhora!" "Sou a princesa da pancada de rédeas." O príncipe a presenteou com um medalhão de ouro com a imagem dele, mas Maria fugiu.

O príncipe ficou doente de tanto desejo. Nada ajudava. Então pediu a sua mãe que fizesse uma pizza com a suas próprias mãos para ele. Na cozinha, entretanto, estava Maria de madeira e ofereceu fazer a pizza no lugar da rainha. A rainha levou ao filho o alimento, ele começou a comer e mordeu algo duro: o alfinete dourado. "Quem fez essa pizza?" Por fim a mãe confessou que Maria de madeira havia feito a pizza. Ele pediu por outra pizza, Maria colocou o anel de brilhantes na massa, e na próxima pizza o amuleto. Quando o príncipe encontrou o amuleto na pizza recobrou a saúde imediatamente; pulou da cama e foi até o galinheiro. Maria, porém, estava sentada por de baixo da árvore e os gansos

Sonhos 237

cantavam canções de princesa para ela. Maria perguntou ao príncipe: "Com que Vossa Majestade vai me ba-
ter hoje ?" Então o príncipe ajoelhou-se e pediu perdão.
Agora precisou contar a história toda ao príncipe. Em
seguida prepararam o casamento e Maria viveu durante
muitos anos feliz e satisfeita com o seu marido.

"Talvez a minha caixa também poderia boiar?", perguntou-se
Lili quando terminei de contar a história. Foi esta a razão pela
qual decidi contar-lhe este conto. A imagem da Maria de madeira a
fez pensar muito. Como deveríamos imaginar algo assim? Apontei
para ela que as imagens dos contos possuem diversos significados, que eles nos estimulam a criar as nossas próprias imagens.
Não há uma imagem concreta da Maria de madeira; todos que es-
cutarem este conto criarão uma imagem própria dela. Lili resol-
veu o problema da seguinte maneira: primeiro a Maria e o vestido
de madeira "eram uma coisa só". Desse modo podia atravessar os
mares e ficar ilesa assim como um tronco de árvore. "Ela se encontra dentro da madeira, mas está protegida assim como Jonas na
barriga da baleia[50] e agora precisa ver aonde vai parar. De qualquer modo precisa se afastar do pai que deseja casar-se com ela.
Dentro dessa madeira podemos estabelecer uma relação apenas
com nós mesmos. Devido ao fato de o príncipe pescá-la e levá-la à
fazendinha de galinhas, o seu vestido de madeira pode ser aberto,
não precisa mais usar apenas este vestido. Quando se sente segura é capaz de se revelar em todo seu esplendor.

Lili admira a sensatez da menina: veste todos os vestidos um
por cima do outro, não foge simplesmente! Admira a sensatez da
ama. Cria para si uma imagem dessa ama, imagina as duas juntas.
Desse modo a ama do conto de fada torna-se uma ama na psique

---

50. O Profeta Jonas no Antigo Testamento.

de Lili, uma mãe nutridora, uma mulher sábia. Qual, entretanto, foi o conselho sábio? Primeiro deve permitir que o pai lhe dê aquilo que está disposto a dar – e este pai coloca o mundo aos seus pés fazendo assim a sua beleza desabrochar, mas por outro lado não a liberta. O desejo paterno de desposá-la, o incesto anunciado, significa, sob um ponto de vista simbólico, permanecer presa no complexo paterno, não encontrando assim a sua própria identidade. No conto esta situação encontra-se atrelada ao medo necessário, necessário porque Maria corre o perigo de ter que desistir do seu próprio caminho. O medo funciona como um chamado por parte de sua própria existência.

O conto fala de um caminho de evolução e deste modo da libertação de uma jovem mulher de um vínculo paterno demasiadamente estreito e da busca de um relacionamento com um homem de sua geração. Em termos intrapsíquicos significa um desenvolvimento que envolve a libertação do complexo paterno e a busca pela própria identidade[51]. Por isso ela precisa partir para longe, precisa ir embora levando consigo tudo aquilo que "recebeu" do pai, o que não é pouco. Entra com todos os seus vestidos no vestido de madeira. Trata-se de algo importante para Lili: ela agora passa a relacionar o conto consigo mesma, mas não precisa desvalorizar tudo aquilo que recebeu e continua recebendo do pai, porém precisa se distanciar. Consegue partir apenas com a ajuda da ama que representa o lado materno para ela.

"Ríspido" (*hölzern*) (de madeira) – talvez tenha sido essa palavra que me fez lembrar do conto: o pai de Lili achou que ela tem sido muito "ríspida", deixou de ser tão meiga. Quando voltou a se queixar, Lili narrou o conto para ele e lhe explicou que precisa se

---

51. Cf. KAST, Verena. *Vater-Töchter, Mutter-Söhne*. Op. cit., p. 247ss.

desligar dele, pois somente assim seriam capazes de estabelecer um bom relacionamento em um novo âmbito. O pai tenta compreender. Parece entender bem o conto, mas reclama que não é tão mau quanto o rei do conto.

Maria de madeira esconde a sua beleza, as suas diversas facetas, mas tem consciência disso. Não se identifica totalmente com a *persona* de madeira (ríspida). Para o mundo, entretanto, revela este lado e deste modo a deixam em paz. A madeira é uma proteção materna, um vestido, um caixão, um navio. O caixão indica, especialmente em função das associações de Lili a respeito de Jonas na barriga do peixe, a transformação, a morte e o renascimento. Envolta no vestido de madeira, Lili é independente e pode ocupar-se consigo mesma após ter tomado a decisão de partir.

Esta parte fascina Lili: decide partir e nadar, nadar, nadar. Ninguém é capaz de prejudicá-la. Lili evocou estas imagens constantemente e também as modificou.

Através do confronto cognitivo e imaginativo com o conto, a caixa do sonho e o vestido de Maria de madeira passaram a ser uma unidade. Lili se identifica ocasionalmente com Maria, mas depois se distancia novamente dela. Muitas coisas sucederam no mundo interno de imagens de Lili, mas também as suas vivências e o seu comportamento se modificaram em ressonância com esta parte do conto. Ora se importava com a decisão de Maria de ir embora, ora com a imagem da ama que ajuda, ora com o ato de nadar. Lili imagina repetidamente qual a sensação de se entregar ao rio envolta em um vestido-navio. Em seu sonho foi um rio. Ela oscilava entre o risco de ficar presa em função de um dique, o medo de não ser pescada e a esperança de poder chegar em terra firme em um lugar maravilhoso.

Então, após um tempo, a seguinte pergunta tornou se importante: "Quem és e de onde vens?" O príncipe pergunta por sua identidade e sua história. Ela responde através de um enigma, esconde e revela simultaneamente a sua essência: identifica-se com a *persona* que necessita para se proteger, pois ainda está viajando mesmo que já esteja em terra firme. Mas a situação na qual se encontra é boa, foi escolhida de maneira engenhosa e cuidadosa. E ela manteve o seu orgulho, a sua dignidade. Este verso tornou-se importante para Lili, não apenas por soar tão belo, mas também por expressar uma atitude de alguém que se assume da forma como é. "Sempre fui aquela mulher que os homens imaginavam – e eles imaginavam bastante sobre mim, não posso me queixar. Mas jamais me assumi da forma que sou. Quando um homem queria que eu fosse vigorosa, eu era vigorosa, quando queria que eu fosse meiga, eu era meiga..."

À medida que nos relacionamos com os contos de fada de forma imaginativa, podemos tomar emprestados para a nossa própria vida os princípios de estrutura que se encontram neles e, deste modo, as séries de imagens e emoções. Os processos simbólicos nos contos e nos mitos atuam como objetos transacionais: À medida que provêm do acervo do passado da humanidade – são os nossos sonhos atuais e também a nossa situação de vida específica e as emoções atreladas a ela que nos conduzem aos contos – possibilitam um estímulo simbólico para a situação de vida na qual nos encontramos. Estes símbolos se entrelaçam com outros símbolos de nossa psique e deste modo nos tornamos mais vivos, voltamos a fluir psiquicamente. Naturalmente as imagens despertadas precisam ser novamente conectadas com a nossa própria situação, isto é, com o cotidiano. Devido ao fato de os símbolos se encontrarem em um processo dinâmico no conto de fada acabam estimulando a dinâmica da própria alma, não nos encontramos mais presos, as coisas voltam a se movimentar. Ideias, fantasias e desejos despertam. A capacidade da imaginação é estimulada de modo

Sonhos

quase imperceptível e orgânico através das imagens do conto. Mesmo assim precisamos assumir a responsabilidade pela nossa própria vida. Mas somos estimulados e animados. Os símbolos se tornam passíveis de ser experimentados e, deste modo, tornam-se a expressão de nossas emoções.

A imaginação, o sonho e a situação atual acabam se mesclando e permitem novos comportamentos. Trata-se de um processo criativo. O analista, a analista acompanha o processo, por vezes faz perguntas e na maior parte das vezes encontra-se igualmente estimulado pelas imagens. A ressonância não existe apenas entre a sonhadora e as imagens arquetípicas, mas também entre a terapeuta e estas imagens, pois afinal de contas o conto surgiu em função da contratransferência arquetípica: o sonho já havia tocado estas imagens arquetípicas no interior de sua psique.

Sonhar, simplesmente sonhar

Os sonhos podem nos fornecer muitos indícios valiosos na situação terapêutica, podem indicar a direção do caminho de uma pessoa, os traços da personalidade que foram ou são negligenciados, quais conflitos devem ser abordados no atual momento e que desejos precisam ser considerados.

Porém, sonhar todos nós sonhamos, mesmo quando não nos encontramos em um processo terapêutico. Os sonhos fazem parte de nós enquanto humanos assim como os nossos pensamentos, intenções, planos, sentimentos. Todos nós possuímos uma vida onírica, possuímos sonhos que nos acompanham quando os consideramos. Por vezes são misteriosos, por vezes nos aborrecem, nos amedrontam, nos sacodem ou nos fazem sentir vivos e inspirados. Os sonhos nos acompanham. Esquecemo-nos de vários logo em seguida, outros ressurgem volta e meia em nossas mentes, lembramos deles quando temos sonhos parecidos. Quando os sonhos são especialmente misteriosos ou preocupantes, nos questionamos com frequência o que um determinado sonho intenciona dizer-nos.

O confronto com os sonhos é uma ocupação excitante, rica em surpresas para todas as pessoas que desejam estabelecer um contato mais profundo consigo mesmas. Confio que muito daquilo que abordei no presente livro sobre o trabalho terapêutico com os sonhos possa ser igualmente aplicado aos nossos próprios sonhos e fornecer ideias em relação a como lidar com estes. Alguns dos sonhos descritos possivelmente nos fazem lembrar de sonhos pessoais; algumas das sugestões dadas podem ser assumidas experimentalmente. Talvez podemos até "adotar" alguns dos sonhos. Sempre existem sonhos de outras pessoas que nos passam a impressão de que nós mesmos podíamos ter sonhado os mesmos, que nos parecem familiares, que nos tocam de alguma forma. O que nos impede de nos confrontar com sonhos desta espécie? Possivelmente sonharemos – conforme parece ser de costume no templo de Asclépio – os nossos próprios sonhos em relação ao tema que parece ser emocionalmente significativo para nós.

Os sonhos se tornam vivos quando os relatamos, pois, à medida que os contamos, eles assumem uma forma. É algo que fazemos com frequência no dia a dia. "Imagine só o sonho que tive na noite passada" – é assim que introduzimos o relato de nossos sonhos e quando narramos bem um sonho, a pessoa a qual estamos nos dirigindo acaba escutando um história onírica mais ou menos excitante. À medida que ele ou ela faz perguntas, o sonho acaba sendo formulado de modo mais nítido e se torna emocionalmente acessível. Durante a conversa com outras pessoas – partindo do pressuposto de que estas não possuem uma ideia excessivamente clara a respeito do significado do sonho – são criadas novas conexões. Através do olhar que uma outra pessoa lança sobre os nossos sonhos, tomamos consciência de que se trata do *nosso próprio* sonho. Apesar de a outra pessoa certamente contribuir para a compreensão do sonho através de seu ponto de vista, o seu olhar pode igualmente nos forçar a perceber as nossas próprias conexões e a levá-las a sério. E naturalmente conversaremos também sobre o contexto mais amplo do sonho. Começamos a conectá-lo com a nossa vida do estado desperto e nos questionamos igualmente a respeito do que o sonho deseja chamar a nossa aten-

Sonhos

ção. Um homem de mais ou menos 70 anos que jamais buscou uma terapia relata: "Sempre quando sonho que preciso tomar um trem, que preciso me apressar para não perdê-lo, sei que necessito começar algo novo, que preciso partir". O significado deste novo para onde deve partir é algo que ele sempre "sabe". "Há sempre alguma decisão que protelamos". É disso que trata o sonho segundo a sua compreensão. Estes sonhos lhe prestam auxílio: fornecem-lhe o impulso necessário para que tome a decisão pendente. Jamais fez alguma experiência ruim em função desta interpretação. A tomada de decisão é o fim de um processo longo em parte consciente e em parte inconsciente. O impulso pendente origina-se em algum lugar – e naturalmente podemos compreender um sonho como sendo este impulso pendente.

Em última instância apenas nós somos os especialistas para os nossos sonhos, a interpretação precisa fazer sentido para nós, apenas nós conhecemos o real contexto de vida no qual um sonho ocorreu e a partir do qual adquire um significado.

Normalmente compreendemos melhor os sonhos de outras pessoas do que os nossos, e quem sabe isso seja bom. Aquilo que não compreendemos de verdade acaba nos acompanhando por mais tempo. Necessitamos de paciência para descobrir o significado dos sonhos. Muitos sonhos jamais compreendemos por inteiro, de tempos em tempos adquirimos mais um pouco de compreensão a respeito deles. Quando os sonhos são importantes para nós, às vezes eles nos acompanham durante anos. Neste caso percebemos o quanto eles acabam se conectando sempre com as nossas experiências atuais, com outros sonhos, com imaginações, com filmes aos quais assistimos, com histórias que ouvimos ou lemos. Os sonhos são entrelaçados com a vida cotidiana através destas conexões, e podem tornar-se os indicadores de caminho de nossa recordação.

À medida que imaginamos o sonho outra vez de forma vivaz, aproximamo-nos do mesmo em termos emocionais e deste modo forma-se mais facilmente uma rede de conexões. Investigar tais conexões gera interesse, alegria e nos anima. As cenas oníricas podem igualmente ser pintadas. Na maior parte das vezes, novas ideias a respeito do significado do sonho surgem durante o ato de pintar. Porém, um sonho também pode se modificar à medida que lhe conferimos uma forma. Deste modo, um determinado sonho constituiu o nosso ponto de partida, e através da imaginação e da configuração do sonho surge, pelo menos é assim que nos parece, repentinamente um tema totalmente diverso.

> Uma mulher de 40 anos decidiu pintar um daimon amedrontador que apareceu em um sonho seu. Admirou-se quando percebeu que o daimon se tornou um anjo.

Naturalmente os anjos são igualmente seres misteriosos e a manifestação de um anjo também necessita ser explicada nos tempos atuais. A mulher, entretanto, ficou perplexa, pois o daimon que a amedrontava transformou-se em uma figura que não a assustava, e sim, a enchia com um interesse apreensivo e com curiosidade. Compreendeu que aquilo que lhe causa medo se transforma à medida que ela lhe confere uma forma ao invés de se defender contra o mesmo. Naturalmente ela se questiona a respeito do que o daimon e o anjo significam em sua vida.

Algumas pessoas se decepcionam, pois aquele sonho de significado unívoco que desejam obter em uma situação de tomada de decisão acaba não ocorrendo. Mas é certo que existem sonhos que irrompem em nossas vidas tal como uma força da natureza e possivelmente eles nos protegem de alguma coisa. Pelo menos é essa a nossa compreensão posterior.

> Deste modo um homem de 28 anos, que decidiu casar-se "enfim" com a sua namorada, sonha que é apanha-

Sonhos

do por uma avalancha. Sente um medo mortal e acorda, pois acha que vai morrer sufocado.

Compreende o sonho como um alerta: neste momento não deve casar-se. Diz: "Isto me mataria". Quatro anos depois ele acaba casando com a mesma namorada e não sonha mais com a avalancha. Aparentemente a sua postura em relação a ela e ao casamento modificou-se neste meio-tempo.

Estes sonhos drásticos que ocorrem no momento exato costumam acontecer com pouca frequência ou então não são reconhecidos como tais. É mais provável encontrarmos os mesmos em épocas de crise, quando estes sonhos fazem brotar novas esperanças na vida de uma pessoa em crise. No caso de experiências intensas de perda, os sonhos se ocupam com a perda e facilitam a elaboração da mesma[1]. Na maior parte das vezes, porém, trata-se de percebermos aquilo que é gerado noite após noite dentro de nós e que por vezes também recordamos. Trata-se de relacionarmos o mesmo com o significado de nossa situação atual, os nossos conflitos, nossos desejos, nossos planos, algo que deve ocorrer de modo lúdico – pois tudo pode mudar novamente. É exatamente isso que os sonhos nos ensinam: jamais existe apenas uma possibilidade, existem várias possibilidades.

Na verdade já dominamos a linguagem dos símbolos, isto é, quando prestamos atenção na mesma e a exercitamos um pouco. A dedicação aos contos de fada nos conecta com um grande tesouro simbólico, através do qual aprendemos quando criança, mas também quando adultos, de forma lúdica, como lidar com a

---

1. Cf. KAST, Verena. *Trauern* – Phasen und Chancen des psychischen Prozesses (1982). Stuttgart: Kreuz, 2005.

linguagem simbólica[2]. Deparamo-nos igualmente com a linguagem simbólica na literatura, na arte, na religião, é uma linguagem que – emocionalmente condensada – nos aproxima de temáticas existenciais.

Não é possível não sonharmos. Sonhar faz parte da existência humana. E a maioria das pessoas se interessa por seus sonhos. Hoje em dia o sonho não constitui mais tanto uma mensagem de um mundo numinoso e esperado. Também não constitui uma simples expressão da atividade cerebral durante o sono. É um solilóquio emocional e cognitivo, uma mensagem de nossas próprias profundezas que não compreendemos facilmente. Os sonhos são importantes para o projeto do cuidado de si e da permanente autocriação. Muitas vezes revelam como *somos* e não apenas como gostaríamos de ser. Organizam o nosso mundo interior de uma nova maneira para que possamos assumir outra atitude perante a vida. E por vezes são também numinosos – sonhamos com imagens ou histórias que nos acompanham por um longo tempo, que podem constituir indicadores de caminho na luta por um sentido maior e que nos fazem intuir que a nossa psique é capaz de estabelecer ligações para muito além de nosso corpo físico.

---

2. Cf., p. ex., KAST, Verena. *Vom gelingenden Leben* – Märcheninterpretationen. Dusseldorf: Walter Verlag, 1998.

Agradecimentos

Desejo agradecer a todas as pessoas que ao longo de minha vida me confrontaram com a essência dos sonhos e me fizeram compreendê-la melhor. São muitas e andei por muitos caminhos com elas, aprendi e vivenciei muito – e sempre experimentei novamente uma grande alegria.

Agradeço aos estudantes que sempre me forçaram a ser tão exata quanto possível neste âmbito. Âmbito este que de exato não tem muito.

Desejo agradecer de coração a todos aqueles que me autorizaram a usar os seus sonhos como exemplos neste livro.

Agradeço a editora Dra. Christiane Neuen do Walter Verlag pela agradável cooperação.

Verena Kast
St. Gallen, fevereiro de 2006

Referências bibliográficas

ADAM, Klaus-Uwe. *Therapeutisches Arbeiten mit Träumen* – Theorie und Praxis der Traumarbeit. Berlim: Springer, 2000.

ARISTÓTELES. *Über die Seele* – II/1: In der Übersetzung von Willy Theiler. Hambugo: Rowohlt, 1968.

ARTEMIDOR VON DALDIS. *Das Traumbuch* – Aus dem Griechischen übertragen, mit einem Nachwort, Anmerkungen und Literaturhinweisen versehen von Karl Brackertz. Munique: DTV, 1979.

CAMPBELL, Joseph. *Der Heros in tausend Gestalten*. Frankfurt am Main: Suhrkamp, 1963.

CARUS, Carl Gustav. *Psyche* – Zur Entwicklungsgeschichte der Seele. Ausgewählt und eingeleitet von Ludwig Klages (1846). Jena: Dietrichs, 1926.

CHAGALL, Marc. *Mein Leben* (1921/1922). Stuttgart: Hatje, 1959.

CRICK, Francis & MITCHISON, Graeme. "The Function of Dream Sleep". *Nature*, 304, 1983, p. 111-114.

DAMASIO, Antonio R. *Ich fühle, also bin ich* – Die Entschlüsselung des Bewusstseins. Munique: List, 2000.

DE VRIES, Ad. *Dictionary of Symbols and Imagery*. Amsterdam: North Holland, 1974.

DESCARTES, René. *Meditation über die Grundlagen der Philosophie*. Hamburgo: Meiner, 1959.

DORNES, Martin. *Die frühe Kindheit* – Entwicklungspsychologie der ersten Lebensjahre. Frankfurt am Main: S. Fischer, 1997.

EMDE, Robert N. "Die endliche und die unendliche Analyse". In: *Psyche*, 45 (9), 1991, p. 763.

ENDE, Michael. *Das Traumfresserchen*. Stuttgart: [s.e.], 1978.

ERMAN, Michael. *Träume und Träumen*. Stuttgart: Kohlhammer, 2005.

FLANAGAN, Owen. *Hirnforschung und Träume* – Geistestätigkeit und Selbstausdruck im Schlaf. In: METZINGER, Tomas (org.). *Bewusstsein. Beiträge aus der Gegenwartsphilosphie*. Paderbom: Schöningh, 1996, p. 491-522.

FOUCAULT, Michel. *Hermeneutik des Subjekts*. Frankfurt am Main: Suhrkamp, 2004.

_____. "Von seinen Lüsten träumen". *Die Sorge um sich* – Sexualität und Wahrheit. Vol. 3. Frankfurt am Main: Suhrkamp, 1989.

FRANZ, Marie-Louise von. *Creation Myths*. Zurique: Spring, 1972.

FREUD, Sigmund. *Bildende Kunst und Literatur* – Studienausgabe. Vol. 10. Fankfurt am Main: S. Fischer, 1969.

_____. *Zur Psychopathologie des Alltagsleben*. Frankfurt am Main: S. Fischer, 1904.

FROMM, Erich. "Märchen, Mythen, Träume". *Gesamtausgabe*. Vol. 9. Munique: DTV, 1989, p. 172-197.

HARTMANN, Ernest. *Dreams and Nightmares*: The New Theory on the Origin and Meaning of Dreams. Nova York: Plenum, 1998.

HARTMANN, Ernest & BASILE, Robert. *Dream Imagery Becomes More Intensive After 9/11/01*. [s.n.t., 2003 – Disponível em www.asdreams.org/journal/articles/13-2_hartmann.htm].

HARTMANN, Ernest et al. "Personality and Dreaming: The Dreams of People with Very Thick and Very Thin Bounderies". *Dreaming* 1, 1991, p. 311-324.

HILL, Clara E. et al. "Are the Effects of Dream Interpretation on Session Quality, Insight, and Emotions due to the Dream itself, to Projection, or to the Interpretation Process?" *Dreaming*, 3.4, 1993 [Disponível em www.asdreams.org/journal/articles/hill3-4.htm].

HÜTHER, Gerald. *Die Macht der inneren Bilder* – Wie Visionen das Gehirn, den Menschen und die Welt verändern. Göttingen: Vandenhoeck & Ruprecht, 2004.

JAMBLICHOS. *Peri tou Phytagoreiou: Phytagoras* – Legende, Lehre, Lebensgestaltung (1963). Darmstadt: Wissenschaftliche Buchgesellschaft, 2002.

JUNG, Carl Gustav. *Erinnerungen, Träume, Gedanken von C.G. Jung.* 14. ed. Düsseldorf/Zurique: Walter Verlag, 2005 [*Sonhos, memórias e reflexões.* Petrópolis: Vozes].

_____. *Die Dynamik des Unbewussten.* [s.n.t.], 1985 [*Dinâmica do inconsciente.* Petrópolis: Vozes (OC, 8)].

_____. *Mysterium Coniunctionis.* [s.n.t.], 1984 [*Mysterium Coniunctionis.* Petrópolis: Vozes (OC, 14)].

_____. *Das symbolische Leben.* [s.n.t.], 1981 [*A vida simbólica.* Petrópolis: Vozes (OC, 18/1)].

_____. *Experimentelle Untersuchungen.* [s.n.t.], 1979 [*Estudos experimentais.* Petrópolis: Vozes (OC, 2)].

_____. *Die Archetypen und das kollektive Unbewusste.* [s.n.t.], 1976 [*Os arquétipos e o inconsciente coletivo.* Petrópolis: Vozes (OC, 9/1)].

_____. *Über die Entwicklung der Persönlichkeit.* [s.n.t.], 1972 [*O desenvolvimento da personalidade.* Petrópolis: Vozes (OC, 17)].

_____. *Briefe I.* Olten: Walter Verlag, 1972 [*Cartas I.* Petrópolis: Vozes].

_____. *Briefe II.* Olten: Walter Verlag, 1972 [*Cartas II.* Petrópolis: Vozes].

_____. *Psychogenese der Geisteskrankheiten.* [s.n.t.], 1971 [*Psicogênese das doenças mentais.* Petrópolis: Vozes (OC, 3)].

_____. *Psychologische Typen.* [s.n.t.], 1971 [*Tipos psicológicos.* Petrópolis: Vozes (OC, 6)].

_____. *Über die Psychologie des Unbewussten.* [s.n.t.], 1971 [*Psicologia do inconsciente.* Petrópolis: Vozes (OC, 7/1)].

_____. *Zur Psychologie westlicher und östlicher Religion.* [s.n.t.], 1971 [*Psicologia e religião ocidental e oriental.* Petrópolis: Vozes (OC, 11)].

_____. *Praxis der Psychotherapie.* [s.n.t.], 1971 [*Prática da psicoterapia*]. Petrópolis: Vozes (OC, 16)].

_____. *Freud und die Psychoanalyse.* [s.n.t.], 1969 [*Freud e a psicanálise.* Petrópolis: Vozes (OC, 4)].

_____. *Zarathustra Seminar* [s.n.t.], 1938.

KARLINGER, Felix (org.). *Italienische Volksmärchen.* Munique: Diedrichs, 1973.

KAST, Verena. *Wenn wir uns versöhnen.* Stuttgart: Kreuz, 2005.

_____. *Vom Sinn der Angst* – Wie Angste sich festsetzen und wie sie sich verwande (1996). Friburgo: Herder, 2005.

_____. *Trauern* – Phasen und Chancen des psychischen Prozesses (1982). Stuttgart: Kreuz, 2005.

_____. "Im Fanatismus verborgene Lebensthemen". *Psychotherapie Fórum*, 11 (4), 2003.

_____. *Vom Interesse und dem Sinn der Langweile.* Düsseldorf/ Zurique: Walter Verlag, 2003.

_____. *Vom Vertrauen in das eigene Schicksal.* Stuttgart: Kreuz, 2001.

_____. *Der Schatten in uns* – Die subversive Lebenskraft. Zurique/Düsseldorf: Walter Verlag, 1999.

_____. *Schlüssel zu den Lebensthemen* – Konflikte anders sehen (1990). Friburgo: Herder, 1999.

_____. *Die Dynamik der Symbole* – Grundlagen der jungschen Psychotherapie (1990). Zurique/Düsseldorf: Walter Verlag, 1999.

_____. *Vom gelingenden Leben* – Märcheninterpretationen. Düsseldorf: Walter Verlag, 1998.

_____. A Concept of Participation. In: STEIN, Murray (org.). *The interactive Field in Analysis*. Wilmete, Ill: Chiron, 1996 [The Clinical Series].

_____ *Vater-Töchter, Mutter-Söhne*: Wege zur eigenen Identität aus Vater und Mutterkomplexen. Stuttgart: Kreuz, 1994.

_____. Lufträume. In: RIEDEL, Ingrid (org.). *Die vier Elemente im Traum*. Solothurn: Walter Verlag, 1993.

_____. *Imagination als Raum der Freiheit* – Dialog zwischen dem Ich und dem Unbewussten. Olten: Walter Verlag, 1988.

_____. *Trotz allem Ich* – Gefühle des Selbstwerts und die Erfahrung von Identität. Friburgo: Herder, [s.d.].

LA BERGE, Stephen. *Hellwach im Traum* – Höchste Bewusstheit im tiefem Schlaf. Paderborn: Junfermann, 1987.

LEVIN, Ross & FIREMAN, Gary. "Phenomenal Quality of Nightmare Experience in a Prospective Study of College Students". *Dreaming* – Journal of the Association for the Study of Dreams, 12 (2), 2002.

MAEDER, Alphonse. Über das Traumproblem. In: BLEULER, Eugen & FREUD, Sigmund. *Jahrbuch für psychoanalistische und psychopatologische Forschungen*. Vol. 5. Leipzig/Viena: Deudicke, 1913.

MARKOWITSCH, Hans Joachim. *Dem Gedächtnis auf der Spur* – Vom Erinnern und Vergessen. Darmstadt: [s.e.], 2002.

MAUL, Stefan M. *Das Gilgamesh-Epos* – Neu übersetzt und kommentiert. Munique: Beck, 2005.

MEIER, Isabelle. *Primärprozess, Emotionen und Beziehungsmuster in Tagträumen*. Berna: Lang, 2005.

MERTENS, Wolfgang. *Traum und Traumeutung*. Munique: Beck, 2000.

NÄF, Beat. *Traum und Traumdeutung im Altertum* – Wissenschaftliche Buchgesellschaft, Darmstadt: [s.e.], 2004.

NIETZSCHE, Friedrich (1994). Menschliches, Allzumenschliches. In: SCHLECHTA, Karl. *Werke in drei Bänden*. Vol. 1. Munique: Hanser.

_____. Die Fröhliche Wissenschaft. In: SCHLECHTA, Karl. *Werke in drei Bänden*. Vol. 2. Munique: Hanser, 1994.

PANKSEPP, Jaak. *Affective Neuroscience* – The Foundations of Human and animal Emotions. Nova York/Oxford: Oxford University Press, 1998.

PLATÃO. Politeia. In: OTTO, Walter F. et al. (orgs.). *Sämtliche Werke*. Vol. 3. Hamburgo: Reinbek, 1968.

RIEDEL, Ingrid. *Die Welt von innen sehen* – Gelebt Spiritualität. Düsseldorf: Walter Verlag, 2005.

_____. *Formen* – Tiefenpsychologische Deutung von Kreis, Kreuz, Dreieck, Quadrat, Spirale und Mandala. Stuttgart: Kreuz, 2002.

_____. Die Wandlungen einer Schildkröte. In: DÄTWYLER, Philippe et al. *Die Bombe, die Macht und die Schildkröte* – Ein Ausweg aus der Risikogesellschaft? Olten/Friburgo: Walter Verlag, 1991.

_____. Symbol Formation in the Analytic Relationship. In: MATOON, Mary Ann (org.). *Congress Proceedings*. Einsiedeln: Iaap Daimon, 1991.

_____. *Traumbild Fuchs* – Von der Klugheit unserer Instinkte. [s.n.t.], 1986.

ROTH, Gerhard. *Fühlen, denken, handeln* – Wie das Gehirn unser Verhalten steuert. Frankfurt am Main: Suhrkamp. 1981.

RUDOLF, Gerd. *Strukuturbezogene Psychotherapie*. Göttingen: Schattauer, 2004.

RÜTHER, Eckart. *Die Seele in der Neurobiologie des Träumens* [Palestra – Disponível em www.Lptw.de)www.Iptw.de/fileadmin/Archiv/vortrag/2005/ruether.pdf].

SCHLEGEL, Mario & ZEIER, Hans. "Psychophysiologische Aspekte des Assoziationsexperiments und Normdaten zu einer Reizwörterliste". *Analytische Psychologie*, 13 (2), 1982.

SCHOPENHAUER, Arthur. Parega und Paralipomena. Vol. 1. (1850). In: LÜTKEHAUS, Ludger (org.). *Arthur Schopenhauers Werke in fünf Bänden*. Zurique: Haffmans, 1991.

_____. "Die Welt als Wille und Vorstellung". *Gesammelte Werke*. Zurique: Haffmans, 1988.

SCHREDL, Michael. *Die nächtliche Traumwelt: Eine Einführung in die psychologische Traumforschung*. Stuttgart: Kohlhammer, 1999.

SENECA, Annaeus L. Philosophische Schriften. Vol. 3. In: ROSENBACH, Manfred (org.). *Wissenschaftliche Buchgesellschaft*. Darmstadt: [S.E.], 1974.

SINGER, Jerome L. *Phantasie und Tagtraum* – Imaginative Methoden in der Psychotherapie. Munique: Pfeiffer, 1978.

SOLMS, Mark. *The Interpretation of Dreams and the Neuroscience* [Palestra – Disponível em www.Iptw.de/fileadmin/Archiv/ vortrag/2005/solms.pdf].

_____. Traumdeutung und Neurowissenschaften. In: STAROBINSKI, Jean et al. (orgs). *Hundert Jahre "Traumdeutung" de Sigmund Freud*. Frankfurt am Main: S. Fischer, 2000.

SOLMS, Mark & TURNBULL, Oliver. *Das Gehirn und die innere Welt* – Neurowissenschaft und Psychoanalyse. Düsseldorf/Zurique: Walter Verlag, 2004.

SPITZER, Manfred. *Geist im Netz*. Berlim: Spektrum Akademischer, 2000.

STARKER, Stefan. "Daydreaming Styles and Nocturnal Dreaming". *Journal of Abnormal Psychology*, 83 (1), 1974.

STICKGOLD, R. et al. "Sleep – Learning, and Dreams: Off-Line Memory Reprocessing". *Science*, 294, 2001.

STRAUCH, Inge & MEIER, Barbara. *Den Träumen auf der Spur* – Ergebnisse der experimentellen Traumforschung. Berna: Hans Buber, 1992.

SÜSS, Rudolf & MALTER, Margarete. *Vom Mythos der Schildkröte*. Dortmund: Harenberg, 1991.

TULVING, Endel. Episodic and Sematic Memory. In: TULVING, Endel & DONALDSON, Wayne (orgs.). *Organization of Memory*. Nova York: Academic Press, 1972.

USLAR, Detlev. *Tagebuch des Unbewussten* – Abenteuer im Reich der Träume. Würzburg: Könighausen & Neumann, 2003.

_____. *Der Traum als Welt* – Zur Ontologie und Phänomenologie des Traums. Pfullingen: Neske, 1964.

VARELA, Francisco J. *Traum, Schlaf und Tod*. Munique: Piper, 2001.

WIRTH, Monika. "Wie man im Schlaf lernt". *NZZ*, 04/09/05.

Índice

Sumário, 5
Introdução, 7
Parte I A fascinação pelos sonhos, 11
  1 De Gilgamesh a C.G. Jung: os sonhos sempre despertaram interesse, 13
      Os pesadelos de Gilgamesh – mensagens dos deuses, 13
      A interpretação dos sonhos no Antigo Egito e na Bíblia, 16
      A força curativa e a expressão da criatividade humana – sonhos na Grécia Antiga, 18
      Os sonhos para os poetas e filósofos da Era Moderna, 22
      A ocupação científica com os sonhos, 26
  2 O que é um sonho?, 34
      O mundo onírico e o mundo do estado desperto se entrelaçam, 37
      Recordar-se dos sonhos, 40
      O sonho como narrativa, 45
         Por que sonhei com um crocodilo?, 46
  3 Para que servem os sonhos?, 52
      A função dos sonhos – uma perspectiva neurocientífica, 54
      As hipóteses de Hartmann e a prática psicoterapêutica, 59
         O luto, 59
         A angústia, 61
         A regulação das emoções através de uma série onírica, 63

Parte II Os sonhos na psicologia analítica de C.G. Jung – As teorias dos sonhos de C.G. Jung, 69

1 A primeira teoria dos sonhos: complexos causam sonhos, 73

Emoções e complexos, 73

O que são emoções?, 73

A ação dos complexos, 79

Complexo, símbolo e sonho, 87

O símbolo segundo Jung, 90

A interpretação em nível do objeto e do sujeito – Sonho com os outros ou comigo mesmo?, 95

Nível do objeto ou nível do sujeito? – Exemplo de um sonho, 97

Complexos são padrões relacionais, 99

Implicações terapêuticas, 101

Os complexos são as pessoas que agem em nossos sonhos, 105

Um problema relacionado à vergonha – representado e elaborado nos sonhos, 106

Qual a origem do sonho? Qual o seu destino?, 115

2 A segunda teoria onírica: os sonhos compensam a postura consciente, 117

O que significa compensação?, 117

Por que a compensação é tão interessante assim?, 121

Sonhos de sombra, 123

Finalidade: O que quer o sonho?, 124

Interpretação causal – interpretação finalista, 126

A compreensão causal e finalista de um sonho, 127

A função prospectiva do sonho, 128

O inconsciente coletivo, 133

A compensação através de imagens arquetípicas, 135

O conceito do arquétipo: um conceito biológico, 137

Sonhos 261

Os neurocientistas e as imagens internas, 141
O criativo e o efeito do arquétipo, 145
Como se forma uma obra criativa?, 146
O problema da medida, 149
Sonhos arquetípicos, 151
3 O sonho e o processo de individuação, 158
O processo de individuação, 159
O si-mesmo enquanto matriz que gera orientação, 163
Um símbolo do si-mesmo no sonho, 164
O processo de individuação induzido pela terapia, 166
O processo de individuação e o cuidado de si, 168
O criativo no processo de individuação, 171
Parte III A força criativa dos sonhos, 173
1 O trabalho com os sonhos na prática psicoterapêutica, 175
O símbolo e a imaginação, 175
"Pense numa fantasia...", 178
O pesadelo, 184
O trabalho com um pesadelo através da imaginação, 187
Sonhos iniciais – sonhos de passagem, 192
O sonho inicial como caminho, 195
O sonho de iniciação de uma mulher, 196
A ambivalência dos sonhos iniciais, 201
Um sonho inicial de baixa estrutura, 204
Outra vez: O nível do sujeito, o nível do objeto e a
interpretação, 208
O sonho sobre a infidelidade: Meu marido tem uma
amante..., 210
O conflito no relacionamento e a
constelação-do-complexo, 212
O sonho entre o analisando e a analista, 214
Sonhos nos quais a analista não aparece, 217

A transferência/contratransferência colusiva e o sonho, 219

A cisão colusiva, de modo simbólico, no sonho, 220

Sonhos arquetípicos: transferência e contratransferência, 225

A ressonância arquetípica: um estímulo para o trabalho com símbolos arquetípicos, 228

A libertação do complexo paterno – uma vinheta clínica, 229

Maria de madeira, 233

Sonhar, simplesmente sonhar, 243

Agradecimentos, 249

Referências bibliográficas, 251

Assessoria: Dr. Walter Boechat

Veja todos os livros da coleção em

livrariavozes.com.br/colecoes/reflexoes-junguianas

ou pelo Qr Code

Conecte-se conosco:

f facebook.com/editoravozes

◎ @editoravozes

𝕏 @editora_vozes

▶ youtube.com/editoravozes

☎ +55 24 2233-9033

www.vozes.com.br

Conheça nossas lojas:

www.livrariavozes.com.br

Belo Horizonte – Brasília – Campinas – Cuiabá – Curitiba
Fortaleza – Juiz de Fora – Petrópolis – Recife – São Paulo

EDITORA VOZES LTDA.
Rua Frei Luís, 100 – Centro – Cep 25689-900 – Petrópolis, RJ
Tel.: (24) 2233-9000 – E-mail: vendas@vozes.com.br